DU MÊME AUTEUR

Essais :

PENSER AVEC LES OREILLES, Max Milo, 2019

ÉDOUARD GLISSANT. L'IDENTITÉ GÉNÉREUSE, Flammarion, 2018

LE GÉNIE DU MENSONGE, Max Milo, 2015, Pocket, 2017

LES AIRS DE FAMILLE. UNE PHILOSOPHIE DES AFFINITÉS, Gallimard, 2012

TOMBEAUX, Cécile Defaut, 2012

LE TOUCHER DES PHILOSOPHES. SARTRE, NIETZSCHE ET BARTHES AU PIANO, Gallimard, 2008, « Folio Essais », 2014

HORS DE MOI, Léo Scheer, 2006

SAMUEL BECKETT (avec B. Clément), ADPF publications, 2006

JEAN-PAUL SARTRE, ADPF publications, 2005

POUR EN FINIR AVEC LA GÉNÉALOGIE, Léo Scheer, 2004

AVANT-GARDES ET MODERNITÉ, Hachette, 2000

IMAGE ET ABSENCE. ESSAI SUR LE REGARD, L'Harmattan, 1998

BECKETT OU LA SCÈNE DU PIRE, Honoré Champion, 1998, réédition 2010

SARTRE. L'INCARNATION IMAGINAIRE, L'Harmattan, 1996

« HUIS CLOS » ET « LES MOUCHES » DE JEAN-PAUL SARTRE, Gallimard, 1993, réédition 2006

Entretiens :

PENSER L'AVENIR, avec André Gorz, La Découverte, 2019

L'ENTRETIEN DU MONDE, avec Édouard Glissant, PUV, 2018

Directions de publication :

ARCHIPELS GLISSANT (avec F. Simasotchi-Bronès et Y. Toma), PUV, 2020

SOUNDINGS AND SOUNDSCAPES (avec S. Kay), Edinburgh University Press, 2018

Suite des œuvres de François Noudelmann en fin de volume

UN TOUT AUTRE SARTRE

FRANÇOIS NOUDELMANN

UN TOUT AUTRE SARTRE

essai

GALLIMARD

Introduction

UN HOMME DE VENT

Les auteurs que nous aimons sont aussi des personnages. Et Stendhal n'est pas moins un personnage que Julien Sorel ou Lucien Leuwen. À force de fréquenter leurs œuvres, nous leur avons donné une épaisseur qui les a transformés en compagnons de vie. Nous croyons connaître leurs pensées, leurs sentiments et leurs rêves tant nous avons intégré leurs mots et leur existence à la nôtre. Si jamais nous découvrons un portrait inadéquat de notre écrivain favori, nous sommes prompts à nous ériger en redresseur de torts et à rétablir sa « vérité » originale, tant la trahison du modèle nous fait aussi offense. Cependant que savons-nous de ceux qu'on appelle des auteurs ? La culture livresque suffit-elle pour définir leur authenticité ? Paradoxalement, de telles questions affleurent lorsqu'un écrivain s'est particulièrement exposé, par ses récits autobiographiques et ses positions publiques. Il en va ainsi de Sartre, champion de la transparence, qui n'a cessé de commenter son parcours intellectuel et de l'incarner dans un mode d'existence. Cet itinéraire est connu : l'auteur s'est représenté dans ses premiers romans comme un individu désenchanté puis, ayant fait l'expérience de la guerre, il est devenu le théoricien et le praticien de l'engagement. Sans doute reste-t-il l'écrivain et le philosophe du XXe siècle qui suscite le plus de débats contradictoires. Son investissement dans la politique a en effet contribué à fixer l'image d'un penseur qui se mêle des grandes affaires de son siècle, pour le meilleur ou pour le pire : adulé par les uns qui louent son dévouement à la cause de tous les damnés de la terre, il est haï par les autres qui lui reprochent ses compromissions avec le totalitarisme et le terrorisme.

Sartre a encouragé ce regard partisan avec ses manifestes pour une littérature engagée, invitant à juger les œuvres au prisme du politique. Juste après la Seconde Guerre mondiale, il a opéré une conversion radicale de sa vie et de ses écrits, en faveur d'une implication totale dans les luttes sociales et les conflits internationaux. Les guerres de Corée, d'Algérie, du Vietnam, la révolution cubaine, l'insurrection de Budapest, le conflit israélo-palestinien, mai 68, le maoïsme… tout le regarde et le concerne. Cette mission de l'écrivain l'a conduit à une approche comminatoire de la littérature, selon le principe que tout est politique et que rien ne saurait y échapper. Ne pas s'engager, c'est encore s'engager à ne pas s'engager, d'après la rhétorique militante, fondée sur une conception absolue de la liberté : « Être libre, c'est être condamné à être libre[1] », affirmait Sartre dans *L'Être et le Néant*, obligé de choisir et de se définir par ses choix. Nulle surprise dès lors à ce que l'héritage officiel de l'écrivain se concentre sur sa dévotion à la politique, symbolisée par la photographie la plus connue, qui le montre juché sur un tonneau, en 1970, s'adressant aux ouvriers des usines Renault à Boulogne-Billancourt.

1. Sartre, *L'Être et le Néant*, Gallimard, 1943, p. 174.

Les familiers de Sartre, qui fréquentent ses textes les plus anciens, comme *Esquisse d'une théorie des émotions*, ou ses écrits moins connus sur les peintres, ou encore les descriptions fantasmagoriques de ses romans, savent que l'homme ne se résume pas à son théâtre à thèse ni à ses interminables discussions avec le marxisme. Cependant il leur est difficile d'échapper au discours que Sartre a tenu lui-même sur son trajet intellectuel et existentiel. Rarement un auteur a autant commenté ses évolutions, reniements et transformations. Par son autobiographie et ses multiples entretiens, Sartre a donné toutes les clefs de compréhension, disposant sa vie en séquences dont il offre l'intelligibilité dialectique. Les lecteurs interrogent-ils son passage de l'individualisme à la pensée collective, de la phénoménologie à l'anthropologie, du roman au théâtre… ils trouvent toutes les explications dans le réenroulement rétrospectif que Sartre propose à chaque étape de son existence.

Ce récit linéaire et ces révolutions logiques masquent pourtant des trous, des déroutes et des échappées qui contrarient la continuité biographique. Pour avoir analysé l'œuvre de Sartre depuis plusieurs décennies, j'ai découvert tardivement l'une de ces discordances grâce à une vidéo qui le montrait en train de déchiffrer une partition de Chopin. L'intuition d'un tout autre Sartre m'a conduit à enquêter sur sa vie parallèle au piano et son goût romantique refoulé, concomitants à ses activités militantes. Depuis cette étude, d'autres « doubles vies » se sont révélées, non pas ses amours, déclarées, avec plusieurs compagnes, mais des existences moins publiques, et souvent contradictoires avec les récits officiels. Le plaisir de voyager comme un simple touriste, celui de chanter, de faire le pitre, la tentation du rêve et de l'imaginaire, le dégoût de la politique, la langueur de la dépression et le désir de fuir le social… contreviennent à la légende de l'écrivain engagé. Sartre s'y révèle plus proche de Stendhal que de Marx.

La documentation sur Sartre, déjà volumineuse, recèle encore beaucoup de surprises, et particulièrement sur son rapport à la politique. Dans plusieurs correspondances, il confie qu'il se sent obligé de répondre à une mission, celle de soutenir les humiliés, et qu'il assume péniblement son devoir de pousser régulièrement un cri d'indignation. Il avoue même qu'il aimerait se consacrer à tout autre chose, à la flânerie, à l'art, au romanesque. « Vivement la littérature dégagée ! » déclare-t-il en 1952, en pleine mobilisation contre l'intervention américaine en Corée. Boutade, dira-t-on… Toutefois la plainte se répète régulièrement, jusqu'au dégoût de la politique. Sartre croyait-il à ses combats ? Assurément, le temps qu'il y consacra et la virulence dont il fit preuve témoignent d'un investissement majeur. Mais se retrouvait-il pleinement dans ce qu'il disait ? Quel rôle de composition jouait-il lors de ses engagements les plus extrêmes, lorsqu'il dénonçait les crimes de guerre ou qu'il soutenait des actes terroristes ? Nous devrions toujours interroger la dimension psychique des idées et admettre qu'un sujet qui écrit n'est pas forcément identique à son moi social ni au moi intime, qu'il s'agisse de littérature ou de philosophie. Nous l'admettons pour les écrivains, pourquoi cela nous choque-t-il avec les théoriciens ? Un besoin de croire en la cohérence et à la sincérité des penseurs nous retient sans doute d'admettre ces *moi* multiples, divisés ou flottants. « Il faut être fait d'argile et je le suis de vent[1] », observait Sartre dans ses carnets en 1940. Prisonnier en Allemagne, il écrivait chaque jour tout ce qui lui venait à l'esprit, sans contrôle, et il n'avait pas encore conçu sa morale de l'engagement. L'hypothèse iconoclaste que nous suivrons dans ce livre est que Sartre a chaussé des semelles de plomb pour contrer sa légèreté coutumière.

Aucune biographie, même la plus documentée, ne rend compte de tous ces contretemps et incohérences. La chronologie donne l'illusion d'une continuité temporelle, et ordonne les étapes en écrasant tout ce qui n'entre pas dans le déroulé des événements objectifs. L'écrivain y grandit à la manière des plantes représentées par les anciennes sciences naturelles qui croyaient à la préformation des organismes : la vie fait éclore les germes déjà présents à l'origine, et les botanistes de la pensée en retracent rétrospectivement l'évolution. Une telle narration ignore les accidents, les rencontres, les circonstances, les opportunités, les vies non vécues, les gouffres non verbaux qui défient la cohésion générale. Non seulement il existe un horizon de possibles pour l'individu Sartre à l'aube de ses choix, projetant de forger sa personnalité[2], mais cette multitude est aussi vécue dans le présent d'une vie éclatée, voire écartelée. Plusieurs Sartre cohabitent en un seul, hors de soi et avec soi. Aussi l'enquêteur ne doit-il pas s'en laisser conter par le discours du moi sur lui-même, ni s'illusionner

1. Sartre, *Carnets de la drôle de guerre*, Gallimard, 1995, p. 539.

2. Annie Cohen-Solal, biographe de Sartre, honore justement la multiplicité de celui qui se définissait, jeune étudiant, comme « mille Socrates », et souligne l'autoreprésentation de l'auteur qui a l'impression d'entrer dans une pièce de théâtre pour jouer le rôle de sa propre vie, en devenant un seul Socrate. Cf. Annie Cohen-Solal, *Sartre. 1905-1980*, Gallimard, 1985, p. 85.

sur sa cohérence, fût-elle théorisée philosophiquement. Dans ses monographies de Baudelaire, Genet ou Flaubert, Sartre a construit une méthode permettant de relier tous les éléments d'une vie à un choix originel, ce qu'il a appelé la psychanalyse existentielle. Cependant rien n'oblige à être sartrien pour analyser Sartre, ni à reprendre une ambition hégélienne et totalisante, qui date des siècles précédents. Nous résisterons donc au vertige de l'interprétation et à la synthèse rétrospective qui confirme une hypothèse en ordonnant logiquement les écrits et les actes d'une vie. À ce programme linéaire, nous substituerons les tangentes et les feuilletés d'affects, les voies sans issue et la dépression des terrains vagues. Sartre écrivait qu'on entre dans la vie des autres comme dans un moulin, sans crier gare, pour en ressortir avec une clef de compréhension. Du moulin, nous suivrons plutôt le mouvement des ailes et le vent qui les fait tourner, plus que le mécanisme moteur.

Puisqu'il faut bien choisir, malgré tout, une voie pour entrer dans la vie d'un auteur, la stratégie du pas de côté peut s'avérer fructueuse. Elle consiste à penser latéralement, par relation, et à suivre un individu à travers ses voisinages, les milieux grâce auxquels se sont ouvertes des perspectives inattendues, les personnes avec lesquelles il a pris une direction insoupçonnée. Introduire un peu d'épigénétique dans la compréhension des vies permet d'échapper au causalisme univoque et de montrer les transformations opportunes et les différenciations provoquées par l'environnement. Sartre aurait-il été phénoménologue si Raymond Aron ne lui avait parlé de Husserl et ne l'avait guidé vers Berlin ? Et s'il n'avait pas rencontré Jean Genet ou Frantz Fanon, aurait-il réfléchi au Mal et se serait-il engagé avec tant de violence contre la colonisation ? Aurait-il écrit ses pièces de théâtre s'il n'avait pas fréquenté des prêtres dans un camp de prisonniers après la débâcle de juin 1940 ? Aurait-il autant maîtrisé sa trajectoire philosophique sans ses entretiens permanents avec Simone de Beauvoir ? Une « histoire des relations » pourrait se substituer à celle des idées ou à celle des écoles. Ainsi présenterait-on la vie/pensée de Sartre à partir des couples qu'il a formés : avec Paul Nizan, avec Michelle Vian, avec Benny Lévy et tant d'autres, réels ou imaginés tels le Tintoret ou Flaubert. Nombre de compagnonnages et de chemins de traverse font dévier la trajectoire univoque d'une vie publique, même celle qui fut construite intentionnellement par un auteur.

Parmi les familiers de Sartre, Arlette Elkaïm fut une relation exceptionnelle, et elle permet d'ouvrir aujourd'hui des pistes inattendues, grâce aux documents qu'elle a laissés[1], pour mieux comprendre la personnalité de l'écrivain. Tenant une place singulière, elle ne s'ajouta pas aux « amours contingentes » que le couple Sartre et Beauvoir s'autorisait. À la différence des femmes connues ou clandestines, françaises, américaines, russes, brésiliennes, japonaises ou grecques, elle n'incarna pas une « double vie » de Sartre, mais plutôt une autre manière de vivre. Leur rencontre, à laquelle rien, sociologiquement, ne prédisposait, aboutit à une adoption ; en 1964, Arlette Elkaïm devint la fille de l'écrivain et la légataire de son œuvre. Elle occupe une position à la fois

1. Arlette Elkaïm-Sartre m'a permis de consulter ces documents – correspondances privées, archives audio et vidéo. J'ai enregistré son témoignage, lors d'entretiens réguliers, en partie repris dans l'émission radiophonique de France Culture, « À voix nue », qui fut diffusée en cinq épisodes, du 3 au 7 juin 2013.

centrale et latérale : centrale parce que toute la documentation sartrienne passe par elle et qu'elle a eu connaissance de tous les manuscrits des œuvres publiées ainsi que de tous les inédits, parmi lesquels des correspondances volumineuses ; latérale par son extrême discrétion, voire son effacement de la vie mondaine, offrant à Sartre un repli hors de l'existence publique. Certes ses relations furent parfois conflictuelles avec Beauvoir et avec certains proches de la « famille » sartrienne revendiquant leur autorité, mais ces conflits relèvent des traditionnelles querelles d'héritage. Arlette Elkaïm accrédita la version pauvre de son propre rôle en se faisant oublier, préférant travailler dans l'ombre pour éditer les œuvres du grand homme. Sa relation affectueuse à Sartre fut très tôt liée au travail intellectuel, lorsqu'elle accompagna ses projets cinématographiques, notamment le scénario de film avec John Huston, et qu'elle transcrivit les débats du Tribunal Russell pendant la guerre du Vietnam. Plus encore, elle partagea avec l'écrivain des mondes étanches tels que la musique, les voyages touristiques et l'imaginaire des rêves.

Suivant cette piste à la fois documentaire et existentielle, nous tenterons de découvrir et d'analyser un tout autre Sartre, léger, rêveur, rieur, gérant ses accommodements avec les responsabilités morales et politiques qu'il n'a cessé d'assumer dans sa vie dite « engagée ». Le pas de côté effectué grâce à Arlette Elkaïm donne accès à une existence menée hors du cours de la grande Histoire et, parfois, en contrariété avec elle. Plus encore, cette relation révèle une autre politique de l'existence, différente de la grande politique avec ses déclarations, ses professions de foi et ses principes universels, qui furent les marqueurs de l'engagement sartrien. Elle fait entendre une tension entre l'engagé et le désengagé, entre d'un côté les devoirs et de l'autre les désirs, les fantasmes, les peurs, indiquant une lutte intérieure contre des tendances psychotiques. Cette ambivalence témoigne d'un équilibre instable entre un soi qui se cherche, se fuit et des agencements nécessaires avec les autres, les concepts, la loi morale. Arlette se tint en réserve, observant les vies publiques et les vies intimes de Sartre, lucide quant aux excès, aux malaises, aux tricheries du grand homme avec la politique, avec les femmes et avec sa propre image. Par une attention fine à l'écriture, il est possible de déchiffrer dans le style même de certains textes – manifestes, préfaces, articles des *Temps modernes*... – un forçage, une posture révélant que parfois Sartre n'était pas complètement lui-même, qu'il s'obligeait à remplir un contrat. Une telle écoute, nécessitant de nouvelles oreilles, reste peu courante pour les œuvres de philosophie. Cependant l'engagement dans les idées ne peut être entendu seulement au premier degré. Un penseur ne fait pas toujours corps avec ce qu'il pense.

La légèreté et l'opacité de Sartre contrarient le portrait qui s'est imposé dans la transmission de son œuvre et de ses idées. Témoignent-elles d'un défaut, suggèrent-elles une disposition ou une qualité d'être ? Rares sont les philosophes qui en ont proposé l'éloge, tant elles s'opposent au travail, à la transparence, au sérieux, à la responsabilité face aux malheurs du monde et à l'angoisse de l'existence. Nietzsche, réfractaire à la pesanteur des métaphysiciens, a vanté la légèreté de l'être, même s'il reste douteux qu'il l'ait lui-même vécue. Coupable aux yeux des vertueux, la légèreté est associée au futile, à l'insouciance, au superficiel, tout à l'opposé de la lourde empreinte que les philosophes veulent marquer par leurs concepts. L'opacité, elle, s'apparente à l'obscur et contrevient au devoir de lumière et de clarté qui s'impose à la pensée. Sartre fut à la fois léger et honteux de l'être, se le reprochant continuellement, et luttant pour donner des gages à la Morale. Les descriptions qu'il donne de son enfance avec Anne-Marie, sa mère, le montrent virevoltant, danseur et joueur, cherchant à échapper à la rectitude protestante de son grand-père Schweitzer par le piano, le cinéma, les romans. Sa jeunesse avec Paul Nizan laisse deviner une amitié qui se nourrit autant de débats philosophiques que de promenades sur les ponts de Paris. La distance qui s'installa entre les deux amis vint du manque d'engagement de Sartre qui ne voulait pas se lier aux causes politiques de Nizan, ce dont il se repentit plus tard, officiellement. Dans sa trilogie romanesque, *Les Chemins de la liberté*, il explique en effet que sa conception de la liberté comme indifférence était erronée et qu'il a compris, comme le symbolise l'évolution de ses personnages, qu'il faut prendre le monde à bras-le-corps. Auparavant léger, rétif au devoir et à l'esprit de sérieux qu'incarnaient les hommes de sa famille – son grand-père et son beau-père détesté –, Sartre se convertit à la politique juste après la guerre, présentant sa vie comme coupée en deux[1]. Cependant il n'a pas renoncé à vivre sa légèreté, certes dans des activités moins publiques, mais tout aussi investies, opérant une schize entre l'existence militante et la vie en contre-

1. « La guerre a vraiment divisé ma vie en deux. [...] C'est là, si vous voulez, que je suis passé de l'individualisme et de l'individu pur d'avant-guerre au social, au socialisme. C'est ça le vrai tournant de ma vie : avant, après » (Sartre, « Autoportrait à soixante-dix ans », avec Michel Contat, in *Situations X*, Gallimard, 1976, p. 180).

bande. Comédien, expérimentateur, espérant un continuel renouveau, rattrapé par l'ennui et la dépression, il fut opaque, ambigu et multiple.

Ce portrait iconoclaste de Sartre vise moins à prendre le contre-pied de la légende qu'à tempérer la vision rétrospective et pédagogique d'un itinéraire rationnel gouverné par la politique. L'accès à une documentation inédite, constituée notamment de milliers de pages de correspondance, d'une centaine d'heures d'enregistrements audio, de dizaines de films personnels, permet de confirmer la personnalité divisée du penseur. Sans doute pourra-t-on continuer à lire ses œuvres sans considérer ces informations étonnantes, et la critique dite internaliste fermera les yeux et les oreilles pour ne commenter que les textes, rien que les textes. Si une telle lecture a sa légitimité, elle ignore toutefois le processus de la pensée qui ne se résume pas à une argumentation logique. Sartre lui-même affirmait que les notions les plus abstraites se nourrissent de la matière du temps, des affects, des imaginaires qui traversent la réflexion. Refusant la distinction entre vie publique et vie privée, il déjouait, avec Simone de Beauvoir, la pudibonderie bourgeoise, et tous deux parlèrent librement de leurs sexualités, de leur rapport à l'argent, à la nourriture, à la dégradation de leurs corps malades, avec souvent beaucoup de crudité. Cette « transparence » ne doit pas être reçue comme vérité dernière, mais elle invite à enquêter sans fard sur l'existence dans toutes ses réalités. Que Sartre aime le canard au sang a peu d'intérêt, sauf si ce goût entre en relation avec sa conception de l'animal. Qu'il joue de la musique romantique alors qu'il déclare son mépris des auditeurs sentimentaux, qu'il confesse son dégoût de la politique au moment même où il s'engage le plus violemment, voilà qui incite à interroger, sans les juger, les contradictions et divisions de l'individu. Les chemins de traverse empruntés par Sartre n'ont pas fini de nous surprendre.

« LA POLITIQUE M'EMMERDE »

Affirmer, déclarer, argumenter sont des actes de langage et de pensée qui engagent leurs auteurs. À moins que leurs intentions ne visent à tromper les auditeurs, il n'y a aucune raison de ne pas croire en ce qu'ils disent. Cependant les parleurs connaissent-ils toutes les motivations de leur parole ? Sartre fut toujours aux aguets de ses propres ressorts psychiques et traquait l'inauthenticité à l'œuvre dans ses affirmations. Pratiquant l'examen de conscience, il se méfiait de lui-même et, dans ses *Carnets*, il analysait ses faiblesses et ses impostures. L'adoption de telle ou telle théorie était passée au tamis de son regard impitoyable sur lui-même. Comment être vraiment soi ? Comment être en accord avec ce qu'on dit ? Comment échapper à l'amour-propre ? « Je ne suis qu'orgueil et lucidité[1] », déplore le philosophe. De telles questions, familières aux moralistes du XVIIe siècle, trouvent chez Sartre de nouvelles formulations, nourries par ses lectures de Heidegger sur l'authenticité. Ce tribunal permanent que dresse le penseur pour s'accuser, et qui s'entend dans la plupart de ses pièces de théâtre, tourne vite à l'enfer de la responsabilité.

1. Sartre, *Carnets de la drôle de guerre*, *op. cit.*, p. 255.

Mais de quoi Sartre s'accuse-t-il ? Alors qu'il tient le journal de ses pensées pendant la « drôle de guerre », il se reproche sa légèreté, cette manière de refuser toute dépendance qui a caractérisé sa jeunesse. « Je ne suis solidaire de rien, pas même de moi-même, constate-t-il ; je n'ai besoin de personne ni de rien[1]. » Certes, il est conscient de tout ce qui a déterminé sa personnalité – son éducation protestante, son milieu social et idéologique –, toutefois il ne ressent aucune attache et flotte dans les airs. Fait de vent plus que de terre, il ne pèse pas sur le réel qu'il n'aborde qu'à travers des idées et des mots. La société, la politique ne l'intéressent pas et il les regarde avec distance, parfois avec sympathie lorsqu'un ami comme Nizan lui témoigne son engouement pour la révolution communiste, sans pour autant le convaincre de descendre dans la rue. « N'ayant pas de grande passion sociale, vivant en dehors de ma classe et de mon temps, je ressemble au lapin de Claude Bernard, isolé aux fins d'expériences, à jeun et qui se digérait lui-même[2] », écrit-il en mars 1940. Hors lieu, tournant à vide sur lui-même comme une toupie, observateur de sa propre irréalité, Sartre cherche un arrimage[3]. La grande Histoire est pourtant venue le chercher, avec sa mobilisation dans l'armée, puis son enfermement dans un camp de prisonniers en Allemagne. Il revient

1. *Ibid.*, p. 538.
2. *Ibid.*, p. 539.
3. *Les Mouches*, pièce créée en 1943, annonce, à travers le personnage d'Oreste, ce désir sartrien de s'alourdir. Comme l'observe Denis Hollier, « Oreste ne veut plus vivre en l'air, plus flotter à dix pieds du sol : il aspire à descendre » (Denis Hollier, *Politique de la prose. Jean-Paul Sartre et l'an quarante*, Gallimard, 1982, p. 232).

à Paris en 1941 et, malgré un désir de résistance à l'Occupation, il reprend, impuissant, ses activités d'avant-guerre : il enseigne, il écrit, il publie, Simone de Beauvoir et lui vivant chacun librement leurs aventures sentimentales et érotiques. C'est au moment de la Libération que s'opère une radicale transformation.

Peser sur le cours des choses, orienter l'Histoire, faire entendre sa voix... Sartre, en quelques articles, par des émissions de radio et grâce au lancement, en 1945, de la revue *Les Temps modernes*, devient l'intellectuel phare de l'après-guerre. Théoricien et praticien de la « littérature engagée », il écrit des textes à valeur de manifeste, regroupés dans *Qu'est-ce que la littérature ?*, adoptant un ton comminatoire qui responsabilise, voire culpabilise, les écrivains, leur enjoignant d'inscrire leur langue dans le réel social et politique. Là commence le grand récit de l'engagement sartrien, à coups d'articles, de pétitions, de dénonciations, de reportages et d'analyses politiques, de refontes théoriques du marxisme. Avec une volonté et une prolixité extraordinaires, l'écrivain qui, avant-guerre, incarnait l'individu désenchanté dans un monde nauséeux devient solidaire de tous les opprimés de la terre. Il écrit pour son époque, pour les masses et pour l'avenir révolutionnaire. Cette mobilisation tous azimuts est bien connue et alimente encore les débats sur le legs de Sartre, entre admiration et réprobation. De 1945 jusqu'à sa mort, en 1980, voyageant de par le monde et rencontrant les plus éminentes figures politiques, telles que Castro, Guevara, Khrouchtchev, Tito, Mao..., le philosophe est devenu la référence majeure de l'intellectuel engagé.

Malgré cette spectaculaire conversion à l'histoire et à la politique, Sartre était-il pleinement investi dans ce qu'il écrivait et proférait ? La question peut choquer, dans la mesure où ces textes, ces prises de parole expriment une foi, un engagement de soi indubitables. Elle contrevient au portrait dressé par Beauvoir, selon laquelle « Sartre vivait pour écrire ; il avait mandat de témoigner de toutes choses[1] ». Cependant certains signes suggèrent que Sartre s'oblige, se force à entrer dans ce nouveau rôle de l'intellectuel engagé. Son style, précisément, est parfois caricatural, simpliste, manichéen. Il tranche sans nuances. Pour une oreille exercée, des dissonances, des volumes excessifs se font entendre et incitent à ne pas se fier au premier degré des discours. L'excès révèle souvent un défaut, l'exagération dénote une torsion psychique signalant l'effort pour masquer une vérité. Sartre adopte une « attitude », au-delà de la conviction pour ses arguments, ce que confirment ses confidences dans les nombreuses lettres qu'il écrit à des correspondantes. Nous analyserons deux causes d'engagement qui correspondent à deux lignes de front parmi les plus importantes de ses débats politiques : le communisme et l'anticolonialisme.

Le communisme

Les relations de Sartre avec le Parti communiste français et, plus généralement, avec le communisme ont été tumultueuses, mais elles ont connu une période de grande proxi-

1. Beauvoir, *La Force de l'âge*, in *Mémoires I*, Gallimard, « La Pléiade », 2018, p. 362.

mité entre 1952 et 1956. Du soutien à Jacques Duclos, au moment de la guerre de Corée, jusqu'à l'invasion de la Hongrie par l'URSS, l'écrivain a été le « compagnon de route » du PCF. Le témoignage le plus éclatant de ce rapprochement, ce sont les trois articles très volumineux qu'il publie dans *Les Temps modernes*, de juillet 1952 à avril 1954, et qui s'intitulent « Les communistes et la paix ». Sartre y dénonce les anticommunistes, qualifiés de « rats visqueux » (« un anticommuniste est un chien[1] », continuera-t-il de dire dans son hommage funèbre à Merleau-Ponty, neuf ans plus tard), et défend la légitimité de la manifestation interdite contre le général Ridgway qui dirige la guerre en Corée. Il y affirme son accord avec la politique socialiste de l'URSS[2] et dénonce le capitalisme occidental, dont la démocratie bafoue les voix populaires. S'ensuivent, dans le deuxième article, une analyse sociale du prolétariat et une justification du Parti, malgré ses échecs à mobiliser la classe ouvrière. Le troisième article, plus économique, étudie les situations professionnelles des ouvriers et leurs divisions, puis il montre le chemin à suivre pour les syndicalistes et les militants. Le travail d'enquête que Sartre a suivi, pour étudier tant les enjeux socio-économiques de la société française que la géopolitique de l'affrontement entre communisme et capitalisme d'après-guerre, est monumental. Le style virulent de l'accusation s'y mêle à l'analyse

1. Sartre, *Situations IV*, Gallimard, 1964, p. 248.

2. Beauvoir exprime, en 1953, leur pleine confiance dans l'évolution de l'URSS dirigée par Khrouchtchev : « Aux sympathisants, l'évolution de l'URSS apportait une satisfaction sans mélange : les camps et Béria disparaissaient ; le niveau des Russes allait s'élever, ce qui favoriserait une démocratisation politique et intellectuelle, car l'industrie légère n'était plus sacrifiée à l'industrie lourde » (*La Force des choses*, II, in *Mémoires II*, *op. cit.*, p. 22).

scrupuleuse, car Sartre ne veut pas se contenter d'une pose morale. Il doit donner des gages d'une bonne compréhension des structures sociales. L'ensemble constitue quasiment un livre et son écriture a éclipsé les autres projets de l'écrivain qui poursuivra son compagnonnage avec le PCF par une pièce de boulevard, *Nekrassov*, satire de la presse anticommuniste.

Parmi les textes auxquels Sartre aurait aimé se consacrer, *La Reine Albemarle* décrivait son amour de l'Italie, ses voyages dans la péninsule et ses considérations sur le tourisme. Conçue en 1951, cette ébauche laissait présager un livre majeur, « la *Nausée* de son âge mûr[1] », ainsi que la qualifiait Simone de Beauvoir. Son renoncement au profit d'un laborieux et interminable texte sur les communistes lui en a coûté, et il continue de rêver à cette autre écriture, inspirée par son plaisir du voyage et ses rêveries italiennes. Il y croit encore un peu, lorsque après avoir rédigé le premier article des « Communistes et la paix » il déclare à Michelle Vian, en août : « Vivement la littérature dégagée. En revenant je me remets à la délicieuse, à la bonne Italie. » Il faut d'abord qu'il guérisse de son « indigestion marxiste ». Cette phrase citée par Arlette Elkaïm-Sartre, dans son édition posthume des fragments de *La Reine Albemarle*, suggère une saturation et une envie de rompre avec le rôle de l'écrivain engagé. Certes, il ne faut pas lui attribuer la valeur d'une déclaration publique et nous pourrions la considérer comme une blague. Sartre y dirait à Michelle qui l'a accompagné en Italie : j'ai été trop longtemps retenu loin de toi, et désormais je me désengage de tout pour me consacrer à ce que nous aimons,

1. Beauvoir, *La Force des choses*, I, in *Mémoires I*, *op. cit.*, p. 1141.

à ces voyages et séjours partagés. Cependant il y va plus, ici, que d'un clin d'œil amoureux : il est question aussi de l'Italie, de ce pays aimé où Sartre passe ses étés avec différentes compagnes ; et surtout, il est fait allusion aux écritures auxquelles Sartre désire se vouer, en étudiant la vie et les toiles du Tintoret, ou en décrivant les villes et les paysages qu'il affectionne. Plus encore, ce souhait d'être « dégagé » et de dégager son écriture du poids de la politique se confirme dans quantité d'autres lettres et discours à plusieurs interlocutrices.

Sans doute le statut des lettres d'une correspondance, quant aux vérités qu'elles révèlent, doit être toujours référé au destinataire. L'épistolier s'adresse à quelqu'un de particulier et il cherche à lui transmettre des messages personnels plus qu'à énoncer des vérités générales, à moins qu'il s'agisse expressément d'un échange philosophique. Toutefois, même si Sartre n'écrit pas à Élisabeth de Suède ni à Sophie Volland, il n'en compose pas moins de longues lettres où il mêle des anecdotes, des mots amoureux à des commentaires politiques et philosophiques et à des descriptions de paysages ou de milieux sociaux. Ses diverses correspondances ont des styles et des contenus très différents selon ses interlocutrices et elles comportent de précieux renseignements sur ses états d'âme, ses doutes et les relations étanches qu'il entretient avec les femmes qu'il côtoie. Ce sont des personnalités étonnantes qui s'y expriment, discordantes avec l'existence publique. Les lettres échangées et publiées entre Jean-Paul Sartre et Simone de Beauvoir[1] présentent la version la plus en phase avec leurs écrits théoriques. Cependant la publication pos-

1. Sartre, *Lettres au Castor et à quelques autres*, I et II, Gallimard, 1983, et Beauvoir, *Lettres à Sartre*, I et II, Gallimard, 1990.

thume des lettres de Beauvoir à Nelson Algren[1] a provoqué une très grande surprise tant elles ont contrarié l'image laissée par l'auteure du *Deuxième Sexe*. Une personnalité complexe s'y découvre et cette correspondance conduit à admettre des vérités opaques dans la composition de sa pensée. Les échanges de Sartre avec ses différentes compagnes donnent aussi à voir un moi kaléidoscopique où il faut discerner entre les vérités et les mensonges, sans qu'il soit possible d'en décider pour toujours. Ils offrent, en tout cas, un éclairage important sur la construction des discours officiels et l'investissement psychique et paradoxal de leur auteur.

La correspondance de Sartre avec Michelle Vian permet de suivre l'état d'esprit dans lequel il écrit le texte emblématique de son rapprochement avec les communistes. Car le souhait d'une littérature « dégagée » ne se limite pas à une foucade passagère : il coexiste avec l'engagement forcené du philosophe et donne le ton sous-jacent de ses enthousiasmes contradictoires pour l'URSS. Sartre veut écrire cet article, il s'y est « engagé », mais il rame : « C'est le désespoir qui me ronge et me taraude : mon article sur les communistes est <u>une merde</u>, tu m'entends bien ? [...]. Oui, j'ai relu, le plan est absurde et au fond je ne sais même pas ce que je veux dire. Tout cela a été fait trop vite et sans connaissances solides. Naturellement comme je ne veux ni me tuer ni couler les T.M.[2] il faudra continuer mais c'est un bien triste sort. Que sortira-t-il de tout cela ? J'ai passé cinq heures dans les considérations les plus austères. Enfin on essaiera de remettre ça debout demain[3]. »

1. Beauvoir, *Lettres à Nelson Algren. Un amour transatlantique*, Gallimard, 1997.
2. La revue *Les Temps modernes*.
3. Lettre à Michelle Vian, 9 août 1952. Jean Cau, secrétaire de Sartre de 1946

Presque trois semaines plus tard, il a entièrement repris son « maudit article » et il a besoin d'amphétamines – de la Corydrane – pour y arriver et s'enlever le dégoût de l'écrire. « Si tu savais comme ça m'emmerde », lui déclare-t-il ! Les conditions matérielles dans lesquelles il compose ce texte ajoutent à la fatigue et frôlent le burlesque : la chaleur de Rome est tellement intense qu'il s'est réfugié dans la salle de bains de sa chambre d'hôtel. Le bidet lui sert de table et les ouvrages de Marx reposent sur le siège des cabinets. Cette distorsion, comique ou immorale, entre le sujet traité et le lieu d'écriture lui semble de plus en plus flagrante : Simone de Beauvoir et lui aiment les grands hôtels quand ils voyagent en Italie et, lorsqu'ils partent à Palerme en septembre, il a honte de disserter sur la classe ouvrière alors qu'il séjourne dans un palace. Insidieux, l'ennui persiste au-delà des vacances italiennes et, au mois d'octobre, Sartre continue de se plaindre. Il se sent illégitime pour faire des analyses économiques et craint de devoir répéter ce que d'autres ont déjà dit. Que peut-il affirmer d'original sur la situation des O.S., les ouvriers spécialisés français ? Certes il pourrait écrire une nouvelle théorie de la causalité historique, mais alors il lui faudrait une centaine de pages pour la fonder, ce qui n'est pas le sujet de l'article. De plus, la situation sociale et politique change rapidement et il ne peut prendre trop de temps pour la réflexion.

à 1957, témoigne : « La politique ? La corvée. L'ennui noir. La nausée. Il faut bien comprendre que Sartre ne lisait pas les journaux et ne s'intéressait pas du tout, mais alors pas du tout "à la politique", comme l'on entend à l'ordinaire ce mot. Il ne s'y plongeait, en vérité, que *poussé.* » (Jean Cau, *Croquis de mémoire*, Julliard, 1985, p. 245).

Plus grave encore, Sartre s'oblige à écrire platement et il juge son style « moche et confus ». Ce pensum entraîne chez lui un dégoût de l'écriture. Le temps politique le contraint comme un harnais et l'oblige à renier ce qu'il aime, le plaisir d'écrire : « Je suis ligoté de partout et j'en ai profondément marre de cet écrit. Un dégoût qui s'étend à toute la littérature (joint certainement à de la fatigue). Bref quand j'écris j'ai la nausée d'écrire[1]. » Au fond, il n'assume pas vraiment ce texte et, au moment de sa reprise dans *Situations VI*, en 1964, il reconnaîtra, dans une lettre à Lena Zonina, qu'il s'était trompé dans ses analyses. Contrairement aux apparences et à son soutien manifeste au PCF et à ses campagnes, Sartre n'adhère pas pleinement à ce qu'il écrit[2]. Même lorsqu'il appelle à la libération d'Henri Martin, un militaire communiste, emprisonné pour s'être opposé à la guerre en Indochine, et alors que, sollicité par Claude Roy, il a écrit une centaine de pages sur l'affaire, il réagit sans enthousiasme à la libération du condamné. Il ne prend pas l'appel téléphonique annonçant la nouvelle, préférant rester dans ses pensées mélancoliques. Il est presque déçu par cette libération qui ne résulte pas de son texte encore non publié. Pendant cette période des années 1952, 1953 et 1954, seule l'écriture de *Kean*, une adaptation de la pièce d'Alexandre Dumas, lui procure un divertissement, loin de la gangue du discours politique. Mais son désir de rompre

1. *Ibid.*, 3 octobre 1953.

2. Michel Contat, dans son entretien avec Sartre, en 1975, insiste pour que le philosophe juge rétrospectivement ce texte, mais ce dernier résiste à faire son « autocritique » et, officiellement, il argue qu'il avait « raison » à ce moment-là, même si l'histoire a montré qu'il avait tort. « Les vérités sont "devenues" », affirme-t-il, refusant d'admettre que d'autres intellectuels, notamment ceux de Socialisme ou barbarie, analysaient l'URSS avec beaucoup plus de lucidité. Cf. « Autoportrait à soixante-dix ans », in *Situations X*, *op. cit.*, p. 183.

avec l'engagement d'écrire pour les communistes se heurte à la pression qu'exercent sur lui les militants et les membres des *Temps modernes*. Comme un cri du cœur, il déclare à Michelle : « Je voudrais redevenir troubadour ! » Réminiscence, peut-être, du nom que se donnaient Sand et Flaubert dans leur correspondance, le mot de *troubadour* jure avec la rhétorique engagée.

De l'engagement communiste de Sartre, l'histoire retient moins ce texte pourtant massif des « Communistes et la paix » que ses déplacements et ses rencontres en URSS. Là encore, les impressions de voyage découvrent une attitude très ambivalente chez celui qui affirma contre l'évidence, en 1954, que la liberté de critique y était totale. Le « retour d'URSS » de Sartre, loin de suivre le modèle de Gide, signe son aveuglement volontaire et lui sera toujours reproché parmi ses plus terribles erreurs politiques. Comment un tel égarement fut-il possible ? De nouveau, en deçà des paroles publiques, les récits de Sartre dans ses lettres éclairent son approche intime des événements auxquels il est convié. Ils détonnent par rapport aux comptes rendus enthousiastes et publics de Beauvoir sur leur commune admiration pour l'URSS. Dans *La Force des choses*, elle rapportait en effet que Sartre « avait été très intéressé par les rapports nouveaux qui se sont créés en URSS entre les hommes, et aussi entre gens et choses : entre un auteur et ses lecteurs, entre les ouvriers et l'usine. Travail, loisir, lecture, voyages, amitiés : tout avait là-bas un autre sens qu'ici. Il lui semblait que la société soviétique avait vaincu en grande partie la solitude qui ronge la nôtre[1] ». Toutefois, dans les correspondances

1. Beauvoir, *La Force des choses*, II, *op. cit.*, p. 31.

de Sartre, ce ne sont plus les analyses historiques et marxistes qui prévalent, mais plutôt un regard de touriste, voire de spectateur de cinéma, un peu esthète. Lors de son premier voyage, en 1954, il assiste à de grands défilés sur la place Rouge, depuis les tribunes officielles. Loin d'être gêné par les immenses portraits officiels de Marx, Engels, Lénine et Staline, ou par l'allure martiale des masses qui paradent au pas cadencé, Sartre est émerveillé par ce million d'hommes qui passent devant ses yeux : « C'est une impression fabuleuse, quelque chose comme la brusque ouverture du grand écran ou du cinémascope quand ce que tu considérais comme une pure et simple abstraction (1 million ou 10 millions ça ne se voit pas) devient réellement perceptible. Pendant deux heures, à la vitesse de 3 rangs par seconde, j'ai vu défiler sur la place Rouge des rangées de 60 à 100 personnes (ouvriers, employés, paysans, etc.)[1]. » Tout lui plaît dans le spectacle totalitaire, les fleurs, les pancartes, l'atmosphère festive… sans regard distancié. Il est bon public, presque enfantin.

Sans doute la naïveté de Sartre s'inscrit-elle dans l'histoire des philosophes et de leur rapport au pouvoir. La fascination pour la réalité politique, la force d'agir et, surtout, l'incarnation d'une idée par des masses humaines nourrissent la complaisance du penseur de la liberté avec le totalitarisme. La fréquentation ambiguë des tyrans vient de loin et déjà Platon eut avec Denys de Syracuse l'illusion de croire qu'il pourrait appliquer ses principes vertueux pour construire une cité idéale. Dans le fil de son admiration pour l'URSS, Sartre sera fasciné quelques années plus tard par Castro et Guevara, au point d'écrire un récit apologétique de leur combat, « Oura-

1. Lettre à Michelle Vian, 30 mai 1954.

gan sur le sucre », avant de se repentir, au vu de la dérive totalitaire du régime. Cependant, l'URSS qu'il visite, même si elle sort peu à peu du stalinisme, poursuit sa politique de coercition sur toutes les populations qu'elle contrôle, comme le confirmera, deux ans plus tard, la répression sanglante des libertés en Hongrie. Sartre, tardivement, refait l'expérience de ces écrivains, artistes et philosophes qui ont cru, au début du XXe siècle, à la Révolution de 1917 et qui ont ensuite fait l'amère expérience de la réalité oppressive des pays communistes. Tout à ses généreuses illusions, il vante aussi bien les pièces de Gorki que les usines de Staline, il reprend les discours de propagande sur l'horreur tsariste et le bonheur communiste. Le commentaire sociopolitique se mêle à la poésie du flâneur : Sartre passe d'un commentaire positif sur les kolkhozes à des descriptions sur la couleur des nuits blanches et les reflets de la Neva lorsqu'il séjourne à Leningrad, ou encore sur les teintes sublimes des coupoles à Tachkent. Est-il pour autant inconscient du rôle qu'on lui fait jouer ? Certainement pas, ce que suggèrent quelques confidences. Sans doute sait-il que son courrier, envoyé depuis l'URSS, est surveillé et que ses propos sont rapportés à ses hôtes. Alors qu'il a beaucoup bu, il écrit des poèmes qu'il dit « automatiques » et qu'il envoie à Michelle. Parmi eux se trouvent quelques vers discordants, composés par « un prosateur, las de se vendre au public, [qui] rêve d'abandonner son art et de vivre sa vie » :

Rose, te tenir !
Prose, te tuer !
Ne plus me prostituer[1] *!*

1. *Ibid.*, 15 juin 1954.

Sartre n'a jamais accordé beaucoup de crédit à l'écriture automatique des surréalistes et ce qu'il dépose dans cette lettre en dit long sur un sentiment, certes crypté, mais bien conscient de son rôle. Le jeu de mots sur « prose te tuer » et « prostituer » indique l'écœurement ressenti par le philosophe qui rechigne à davantage avilir son langage et son écriture au profit du régime qui l'invite[1]. Le devoir qu'il s'oblige à respecter en soutenant la cause du prolétariat n'empêche pas sa conscience d'un renoncement volontaire et d'un avilissement de ses pensées autant que de sa prose.

Le scénario de la visite de l'intellectuel français dans un pays communiste se répète l'année suivante, cette fois en Chine. Même si Sartre y est quasi inconnu, ses participations aux congrès du Mouvement pour la paix, organisés par les communistes, lui ont donné le statut d'intellectuel anticapitaliste et ami. Le commentaire qu'il donne de son voyage avec Simone de Beauvoir ressemble beaucoup à ce que pourrait écrire un simple touriste, encore plus nettement que lors du séjour en URSS. Comme à son habitude lorsqu'il décrit ses voyages dans des correspondances privées, depuis ses premiers déplacements avant-guerre, il s'amuse des mœurs et des allures de la population locale. Les Chinois, à Pékin, lui semblent charmants, leurs coiffures et leurs habits ravissants,

1. Vingt ans plus tard, il reconnaîtra avoir menti, en vantant la liberté d'expression des pays communistes et en occultant l'existence des camps tel le goulag : « J'ai dit des choses aimables sur l'URSS que je ne pensais pas. Je l'ai fait d'une part parce que j'estimais que quand on vient d'être invité par des gens, on ne peut pas verser de la merde sur eux à peine rentré chez soi, et, d'autre part, parce que je ne savais pas très bien où j'en étais par rapport à l'URSS et par rapport à mes propres idées » (*Situations X*, *op. cit.*, p. 220).

leur nourriture excellente. Ils rient et lutinent, « tous ont l'air heureux et décontractés[1] », observe l'invité à qui on fait visiter les coopératives ouvrières. D'autres Français participent à ce tourisme culturel et politique, notamment Michel Leiris, encore plus laudateur et sur lequel Sartre ironise. Alors qu'on leur impose des films de propagande sur les progrès du communisme, « Leiris devient rouge comme une cerise et déclare en toussant : "le cinéma chinois est le premier du monde". Les Chinois n'en demandaient pas tant. Et notre interprète stupéfait s'est abstenu de traduire. Un moment plus tôt, comme je lui faisais remarquer qu'il est agréable de regarder un film en fumant, en buvant du thé vert et en mangeant des bananes et des bonbons, il a dit d'un air d'avoir fait dans sa culotte : "Oui, c'est le Paradis" »[2]. Simone de Beauvoir, moins persifleuse, interprète cette attitude comme la volonté anthropologique de perdre ses propres repères. Sartre a beau se moquer, il n'est pas en reste pour vanter l'avance industrielle de la Chine, l'automatisation des chaînes de production, tout en mêlant à ses analyses d'économie marxiste des commentaires paysagers sur la douce lumière du ciel qu'il compare à la Grèce.

Décidément séduit par les grands défilés de masse organisés par les pays totalitaires, Sartre admire le spectacle organisé sur la place Tian'anmen, sous un immense portrait de Mao : pendant quatre heures, cinq cent mille personnes en rangées de soixante-quinze à cent, note précisément le philosophe spectateur, marchent avec des bouquets de fleurs, et les

1. Lettre à Michelle Vian, 3 septembre 1955.
2. *Ibid.*

cris de la foule à l'unisson lui semblent bruisser comme « le bruit de la mer ». Cette fois ce n'est pas le CinémaScope mais le ballet d'opéra qui vient à l'esprit de Sartre, lequel, à travers ce spectacle de foules anonymes et enrégimentées, ajoute une réflexion philosophique sur l'harmonie entre les émotions authentiques du peuple et l'attention du Grand Timonier : « Chacun faisait un vrai petit bond de carpe en levant son bouquet artificiel. C'était curieux et profondément sympathique parce que, tout d'un coup, juste devant le pont, cette masse de fleurs se décomposait brusquement en personnes. Chacun, loin d'être porté à l'enthousiasme par la contagion collective et de se perdre dans l'admiration collective de Mao, semblait vouloir un contrat personnel avec lui. Chaque enfant, chaque ouvrier voyait Mao et du coup semblait croire que Mao le voyait ; chaque personne lui envoyait son salut, se sentait seule un instant avec lui. [...] De tout cela se dégageait une impression de gaieté et de gentillesse[1]. » Devant tant d'angélisme – pour ne pas employer de termes accusateurs –, le lecteur peut se demander à qui étaient destinées ces glorifications, car elles ne visaient pas expressément à convaincre la destinataire des lettres.

Sartre cherchait-il à se persuader lui-même de la suprématie des systèmes communistes ? Certains passages sont encore plus accablants, lorsqu'il encense les prisons chinoises et leur programme de rééducation qui mènera à la Révolution culturelle, à l'épuration de tous les intellectuels et à la mort de millions de personnes. « La Prison de Pékin. 1 800 prisonniers. 2/3 politiques chez les hommes. 120 femmes : 1/3 politiques. C'est

1. *Ibid.*, 29 septembre 1955.

très frappant : pas de gardiens, pas de costume spécial pour les détenus ; ils vont et viennent librement. On les fait travailler 9 heures soit dans une petite entreprise de textile soit dans un atelier de fabrication de bas, les 2 à l'intérieur de la prison. 8 heures de sommeil, 3 heures de cours politiques et culturels. [...] Il s'agit de les rééduquer. J'ai dit "Ce doit être plus facile de rééduquer un voleur qu'un contre-révolutionnaire". Ils m'ont dit "Oh, oui !" d'un air pénétré[1]. » Y a-t-il une once d'ironie dans ce dernier dialogue ? Difficile de l'affirmer.

Le voyage se poursuit, en compagnie d'idéologues officiels et, comme en URSS, le couple Sartre-Beauvoir commence à être saturé par les visites. Sur les photographies de ce voyage, on ne les voit quasiment jamais sourire. Les commentaires de Sartre, lors du périple dans le Sud, à Shanghai puis à Canton, se font plus amers et acerbes. « Ça grouille, ça couine, ça trompette[2] », observe-t-il. La singularité des Chinois défilant comme un seul homme s'est dissoute dans l'animalité indéfinie du « ça ». Si de tels écrits incitent à porter un jugement sévère sur la lucidité de Sartre, ils doivent toutefois être replacés dans une longue histoire des voyages politiques organisés. Vingt ans plus tard, les intellectuels du journal *Tel Quel* faisaient aussi leur voyage au pays de la Révolution culturelle et les commentaires que Roland Barthes en rapporta[3] le disputent à l'indigence politique. Là aussi, les descriptions émerveillées sur la gentillesse des gens, sur leurs coiffures, se mêlent à la déception et à la saturation causées par l'encadrement idéolo-

1. *Ibid.*, 5 octobre 1955.
2. *Ibid.*, 19 octobre 1955.
3. Roland Barthes, *Carnets du voyage en Chine*, Christian Bourgois/Imec, 2009.

gique du voyage. Ce qui apparaît dans de tels écrits, particulièrement avec Sartre, est le souci de remplir un contrat moral et politique, contrarié par l'instrumentalisation du visiteur. Ce dernier veut rendre compte d'une expérience historique, mais il demeure un touriste lointain, contraint à l'exotisme faute d'avoir les clefs d'une véritable analyse sociale.

L'ambivalence de Sartre à l'égard du communisme et de l'URSS aurait pu cesser au moment de l'invasion de la Hongrie, en 1956, qui l'a conduit à rompre avec le PCF et à rédiger un long article, « Le fantôme de Staline », dénonçant ce « parti monstrueux » et la politique inexcusable du régime soviétique. Cependant, il accepta, avec Simone de Beauvoir, une invitation de Khrouchtchev en 1960 et revint régulièrement en URSS, plusieurs fois par an jusqu'en 1966. Sartre était-il finalement un suppôt indéfectible du communisme ? Une raison moins politique et surtout sentimentale justifie ces nombreux déplacements : Sartre entretient une relation amoureuse avec sa traductrice russe, Lena Zonina, et il doit composer avec la censure et les interdictions de sortie qu'impose l'URSS à ses ressortissants. Il invente alors de nombreux prétextes pour se rendre auprès d'elle et organise des événements qui leur permettent de se retrouver. Sans doute les commentateurs de l'œuvre et de la pensée politique de Sartre trouveront-ils dans ces allégations une réduction misérable de sa réflexion à des anecdotes qui relèvent de la vie privée. Assurément, bien des interprétations ont été bâties, avec force arguments théoriques, sur cette période de dialogue entre Sartre, les dirigeants et les écrivains soviétiques. Ou encore sur la concurrence idéologique qu'il instaure avec Aragon pour montrer qu'il est le meilleur interlocuteur français de l'URSS. Ou encore sur ses positions courageuses à l'égard des dissidents ou des procès iniques subis par des intellectuels russes. Certes, la correspondance amoureuse avec Lena relève de la vie privée. Commencée en 1960, elle témoigne d'une grande passion qui s'exprime par une écriture effusive inhabituelle chez Sartre. Pour autant, elle ne se limite pas aux déclarations d'amour et, sur neuf cents pages très serrées, elle contient de nombreux commentaires sur les situations politiques en cours et sur la vie que mène le philosophe pendant leurs longues périodes de séparation. Ces textes doivent être lus avec précaution car, s'ils sont censés échapper à la censure – Sartre les fait parvenir en mains propres par des amis qui voyagent en URSS –, leur auteur ne peut risquer de compromettre son amante. Pour donner le change, il lui écrit parallèlement des lettres officielles où il exprime son admiration pour le pays. Les lettres intimes demeurent toutefois une mine d'informations précieuse sur les motivations personnelles de Sartre lorsqu'il donne des conférences, écrit des textes ou soutient des rencontres internationales, liées à la présence de Lena.

Parmi les quelques exemples témoignant d'une confusion des genres entre positionnement politique et intérêt sentimental, l'intervention de Sartre à l'Unesco tient presque du théâtre de boulevard. En décembre 1963, il effectue une démarche auprès de cette institution dans le but de faire inviter Lena et de lui permettre de déposer une demande officielle pour venir à Paris. René Maheu, son directeur général, est un ami de longue date de Sartre et Beauvoir qui l'ont côtoyé pendant leurs études. Il écoute avec bienveillance le projet que lui présente Sartre de favoriser le dialogue Est-Ouest à travers l'invitation d'écrivains, d'intellectuels et de traducteurs. Maheu saisit cette occasion pour demander à son vieil ami, devenu un penseur célèbre, de donner une conférence à l'Unesco sur « Kierkegaard vivant ». Il a en effet prévu de réunir d'importants philosophes, dont Heidegger – qui ne viendra pas –, et Sartre va accepter cette proposition comme une monnaie d'échange, même s'il ne participe jamais à ce type de conférences. Il s'oblige alors à lire et relire le philosophe danois, parfois sans plaisir, comme il le confesse dans sa correspondance, bien qu'il produise un texte remarquable, « L'universel singulier ». Cependant revenons à son projet initial et officiel d'un échange intellectuel entre l'Est et l'Ouest qui s'inscrit dans le rapprochement de Sartre avec l'URSS, malgré sa condamnation de la répression en Hongrie. Voici ce qu'il rapporte à Lena de sa démarche à l'Unesco : « C'est la première fois de ma vie que je mettrai les pieds dans ce bordel. À cause de toi, mon amour. Si les gens savaient ce que cette grande passion pour la confrontation des cultures cache ! Sais-tu que sans toi rien de tout cela ne serait arrivé, que ce rendez-vous à l'Unesco n'aurait pas eu lieu – même pour les autres ? Tu es la confrontation Est-Ouest. Ou plutôt l'Ouest et l'Est se confrontent dans notre lit. Ce que l'Ouest peut faire de mieux c'est de te prendre dans ses bras. Ce que l'Est peut faire de mieux c'est de fermer les yeux et de me sourire délicieusement, comme tu le fais. Je t'aime, ô mon bel Orient, mon soleil levant[1]. » Les coulisses de cette politique de rapprochement culturel décevront probablement ceux qui s'en tiennent aux déclarations officielles, mais elles éclairent aussi les efforts de Sartre pour maintenir les activités de la Comes – la Communauté européenne des

1. Lettre à Lena Zonina, 2 décembre 1963.

écrivains –, dont Bernard Pingaud est le secrétaire français et qui vise à faire communiquer les écrivains de l'Est et de l'Ouest pour dépasser la guerre froide. De sa réussite dépendent nombre de voyages amoureux avec Lena. Sartre, pendant cette période, compose avec les dirigeants officiels soviétiques chargés des relations internationales. Il se vante même d'avoir fait couronner Mikhaïl Cholokhov, déjà prix Staline et suppôt zélé du régime, par le prix Nobel, en 1965, alors que lui l'a refusé l'année précédente. « Ça nous servira », dit-il à Lena.

Lorsqu'il s'exprime rétrospectivement sur cette période, à la fin de sa vie, Sartre ne livre pas ces motivations privées, inavouables publiquement, mais il s'explique sur son engagement pour l'URSS et tente de se justifier. Simone de Beauvoir, dans des entretiens d'une qualité exceptionnelle, sait lui poser des questions qui impliquent à la fois sa pensée politique et ses ressorts psychiques intimes. Alors qu'il a rompu toute forme de collaboration avec le PCF et avec les autorités soviétiques, il ne se résout pas totalement à parler d'échec, malgré le sacrifice de ses activités littéraires et philosophiques. Beauvoir l'interroge ainsi :

> S. DE B. – Pensez-vous que vous avez perdu votre temps en essayant de travailler avec les communistes ?
>
> J.-P. S. – Non, ce n'était pas du temps perdu. Ça m'a appris ce qu'était un communiste. Plus tard, quand je me suis lié aux maos, qui étaient certes peu amis des communistes, je me suis trouvé tout à fait à l'aise avec eux, parce qu'ils avaient les mêmes idées que moi sur le rapport au parti communiste.
>
> S. DE B. – Si vous n'aviez pas fait toutes ces tentatives de travail avec les communistes, si vous aviez gardé plus de

temps pour la littérature, la philosophie, si vous aviez été très en retrait touchant la politique, est-ce que ça aurait changé quelque chose à vos rapports d'aujourd'hui avec les maos ?

J.-P. S. – Oui. Parce que c'est par la politique que je suis arrivé aux maos, c'est par la réflexion sur 68, sur l'obligation de m'engager que je me suis engagé auprès des maos, mais ça supposait précisément les engagements de l'Occupation, de la Libération ; ce n'est pas quelqu'un d'apolitique qui s'engageait avec eux et eux-mêmes le comprenaient[1].

Malgré l'insistance de Beauvoir, Sartre veut tirer un bilan positif de ses années pro-communistes, à titre d'expérience militante et idéologique. Comme à son habitude, il re-totalise son passé pour le mettre en perspective avec ses projets présents, ici son réinvestissement politique auprès de la mouvance mao, dans les années 1970. Cependant Beauvoir, qui le connaît si bien, ne se satisfait pas de cette dialectique et elle sait questionner les motivations biographiques de Sartre, en particulier la représentation qu'il s'est forgée, depuis l'enfance, de la mission d'un écrivain. Il a montré, dans *Les Mots*, combien son grand-père Schweitzer avait eu une influence déterminante sur son choix de la littérature et son idée du salut. Or quels devoirs un grand écrivain est-il censé remplir, dans le panthéon littéraire familial ? Il doit non seulement écrire de beaux livres, mais aussi incarner une conscience de l'humanité.

La politique constituait une étape obligée pour l'homme de lettres souhaitant accéder à la postérité. Le modèle de l'écri-

1. Beauvoir, *La Cérémonie des adieux*, Gallimard, 1981, p. 508.

vain engagé n'a pas été inventé par Sartre après la Seconde Guerre mondiale, ou du moins l'intervention publique et l'écriture politique étaient-elles déjà des marqueurs de l'écrivain en gloire : Hugo, Zola et Gide ont été des modèles pour le jeune Sartre qui s'est rêvé opposant à Napoléon III, défenseur de Dreyfus et dénonciateur de l'exploitation coloniale. La reconnaissance suprême du grand écrivain s'obtient par ce supplément d'âme à son œuvre. L'interrogeant sur la survalorisation de la politique, Beauvoir lui demande : « La postérité ne vous considérera pas comme un homme politique, mais essentiellement comme un écrivain, un philosophe, qui a eu par ailleurs certaines attitudes politiques, comme presque tous les intellectuels. Pourquoi donnez-vous cette importance particulière à la dimension politique de votre vie[1] ? » Sartre lui répond d'abord en surplomb pour expliquer les circonstances historiques l'ayant conduit à passer de l'apolitisme à l'engagement politique. Puis il rapporte plus personnellement qu'avoir des positions politiques faisait partie de l'image du grand écrivain, lorsqu'il songeait à devenir un auteur reconnu. En littérature, un auteur doit s'intéresser à la politique :

> Je pensais que je devais aussi l'aborder vers la fin de ma vie, quand je ne serais plus tellement capable de faire de la littérature. En tout cas, je voyais ma vie, – c'est surtout ma vie, pas tellement mes œuvres – mais je voyais ma vie comme ça : j'aboutissais à la politique. [...] Le côté écrit de la politique devait appartenir à l'écrivain. Et puis, d'autre part, puisque ça appartenait à l'écrivain vieillissant, c'était aussi son apothéose. C'était à la fois quelque chose

1. *Ibid.*, p. 473.

de moindre que ce qu'il avait fait avant et cependant c'était son apothéose[1].

Même si Sartre a modifié cette représentation du grand écrivain et a intégré l'écriture politique à ses œuvres sans attendre la fin de sa vie, il a conservé cette idée d'une mission nécessaire, la radicalisant au point de ne pas séparer la politique et la littérature. Ses complaisances à l'égard de l'URSS sont redevables de cette responsabilité qu'il s'oblige à respecter, pour des raisons à la fois de morale et d'image de soi. Non seulement il a produit de nombreux « écrits politiques » à la manière de ses modèles littéraires, mais il est resté tributaire des déclarations faites après-guerre, dans *Qu'est-ce que la littérature ?*, arraisonnant la valeur des œuvres à leur sens et à leur efficacité politiques. Sartre les a parfois nuancées, notamment dans un entretien avec Madeleine Chapsal, en affirmant, contre l'idée d'un asservissement de la littérature « engagée » sous la férule du politique : « Si la littérature n'est pas tout, elle ne vaut pas une heure de peine. C'est cela que je veux dire par "engagement"[2]. » Était-ce une manière de réintégrer, en 1960, la littérature « dégagée » qu'il continuait de pratiquer clandestinement, et d'assumer une certaine autonomie de la littérature ? Il s'agissait en tout cas d'un écart avec ses textes publiés pendant la période de compagnonnage avec le PCF.

1. *Ibid.*, p. 475-476. Sartre avait déjà commenté cette programmation du grand écrivain qui doit se consacrer à la politique : « Il y avait une vieille idée de mon enfance, c'était qu'un écrivain ça s'occupe d'écrire jusqu'à cinquante ans, et puis à cinquante ans, on fait *J'accuse*, comme Zola, ou on va au Tchad comme Gide et on revient et on dit "la colonisation est pourrie" » (*Sartre*, texte intégral du film réalisé par Alexandre Astruc et Michel Contat, Gallimard, 1977, p. 64).

2. Sartre, « Les écrivains en personne », in *Situations IX*, Gallimard, 1972, p. 15.

L'anticolonialisme

Si l'engagement communiste de Sartre se caractérise par une écriture laborieuse, tant il voulait donner de gages d'une bonne analyse marxiste, sa mobilisation contre le colonialisme témoigne en revanche d'une ferveur beaucoup plus lyrique. Elle suggère, cette fois, une adhésion pleine de l'écrivain à ce qu'il écrit. La part affective y domine, mêlée à l'analyse politique, suggérant l'investissement psychique de l'accusateur. La cause de l'Algérie indépendante est le second exemple que nous prenons pour considérer à nouveaux frais la relation de Sartre à la politique. Une extraordinaire véhémence anime ses textes sur la guerre en Algérie, plus que tous ses autres écrits anti-impérialistes et anticolonialistes. La pratique de la torture constitue sans doute l'élément moteur de sa fureur, manifeste dans ses articles, de 1956 à 1961, tels que « Le colonialisme est un système », « Vous êtes formidables », « Une victoire », « Nous sommes tous des assassins », et ses préfaces à *Portrait du colonisé, précédé du portrait du colonisateur* d'Albert Memmi et aux *Damnés de la terre* de Frantz Fanon. La virulence du ton va crescendo, jusqu'à exploser dans ce dernier texte de 1961 qui reste le plus violent et le plus polémique dans l'héritage du philosophe tant, aux yeux de certains lecteurs, il est un appel au meurtre des colons français. « Abattre un Européen, c'est faire d'une pierre deux coups, supprimer en même temps un oppresseur et un opprimé[1] », écrit-il dans un style qui recourt à l'injure. Par cet engagement déclaré, Sartre prit des risques, s'exposant à

1. Sartre, *Situations VI*, Gallimard, 1964, p. 183.

la sanction des tribunaux et à la vindicte des partisans de l'Algérie française. Comme tous les signataires du « Manifeste des 121 » revendiquant le droit à l'insoumission des soldats français envoyés combattre en Algérie, il était sous le coup d'une arrestation. Plus encore, il fut menacé de mort par l'OAS, son nom conspué lors d'une manifestation sur les Champs-Élysées (« Fusillez Sartre ! ») et son appartement plastiqué par deux fois, en 1961 et 1962. Il ne fait donc aucun doute que Sartre prit cette cause à cœur et que son engagement fut total. Et pourtant… certains témoignages et certaines lettres conduisent à nuancer cette appréciation. Il ne s'agit évidemment pas, ici, de minimiser le combat de Sartre pour une Algérie indépendante, ni d'hypothéquer la force de ses écrits politiques. Un pas de côté autorise toutefois à sortir de la dispute sur la justesse d'analyse de ces textes afin de mesurer le rôle que le philosophe a voulu tenir et le sentiment d'obligation qui l'a motivé.

La posture d'écrivain engagé que Sartre a revendiquée après-guerre l'a transformé en figure publique. Il est alors sollicité pour écrire au profit de différentes causes, conduit parfois à surjouer son propre rôle, comme beaucoup d'intellectuels qui ont rencontré le succès grâce à une position morale et politique dans laquelle ils finissent par s'enfermer. En 1953, le journal *Libération*, proche des communistes, souhaite s'associer la plume de Sartre, auquel Emmanuel d'Astier de la Vigerie, créateur du journal pendant la Résistance, demande une chronique régulière. C'est bien sûr à l'intellectuel qu'il s'adresse, plus qu'à l'homme de lettres ou au philosophe : on attend de lui un « cri mensuel », même si Sartre négocie plutôt un « cri trimestriel ». Il accepte et publie notamment sur l'affaire Rosenberg, ce couple de communistes new-yorkais condamnés à mort pour espionnage au profit de l'URSS. Il dénonce un lynchage typique du fascisme et déclare : « Attention : l'Amérique a la rage. Tranchons tous les liens qui nous rattachent à elle, sinon nous serons à notre tour mordus et enragés[1]. » Le style y est sans nuance, ce qui fait partie du contrat d'écriture. Lorsqu'il rapporte à Michelle Vian ses négociations avec *Libération*, Sartre ne semble pas dupe des intérêts des uns et des autres, ni du rôle de composition qu'il est en train de jouer : « J'ai vu de bien vilaines figures ce matin : d'Astier, beau et séducteur (directeur de *Libération*) qui venait me demander de jeter un cri par mois. J'ai discuté, il en a rabattu : le cri trimestriel semble la solution rêvée. Tu te rends compte. L'article sur les Rosenberg, tu te rappelles, tu sais ce que je pensais et sentais puisqu'on l'a pensé et senti ensemble. Eh bien, c'est un cri. Et le prochain cri, Octobre. Il semble fort que ce soit en faveur des Nord-Algériens. Et si je n'ai pas envie de crier ? Si je voulais raisonner ? Ah dame, pour raisonner, il y a d'Astier, je suppose. Ils me font rire nos petits amis. Et de me refiler en douce 25 pages de son nouvel écrit pour les TM, tu vois la double ambition : moi, je crie au peuple dans *Libération*, lui, il va raisonner chez nous pour les intellectuels. Peut-être que nous ne sommes faits ni l'un ni l'autre pour ces petits extras[2]. » L'attention de Sartre pour l'Algérie est guidée, trois ans avant ses premiers textes politiques sur la colonie française, par cette mission contractuelle : pousser un cri.

Venons-en au fameux hurlement poussé en introduction du livre de Fanon, *Les Damnés de la terre*. L'héroïsation rétros-

1. Sartre, « Les animaux malades de la peste », in Michel Contat et Michel Rybalka, *Les Écrits de Sartre*, Gallimard, 1970, p. 708.
2. Lettre à Michelle Vian, 4 août 1953.

pective de l'auteur martiniquais donne une version univoque de sa rencontre avec Sartre. Engagé dans l'armée française de la Libération contre l'Allemagne nazie, militant anticolonialiste et indépendantiste, Fanon fut aussi un penseur de premier plan pour analyser le racisme. Son engagement total auprès du FLN et pour l'indépendance des nations colonisées en fait un acteur important de la cause algérienne. Tout porte à considérer sa rencontre avec Sartre, à Rome en juillet 1961, comme la reconnaissance de deux personnalités faites pour s'entendre. Le récit qu'en donne Claude Lanzmann suggère une épiphanie vécue à deux : Sartre s'arrête de travailler pendant trois jours tant le charisme de Fanon le subjugue. « Je n'ai jamais vu Sartre aussi séduit et bouleversé par un homme[1] », écrit Lanzmann, lui aussi conquis. Et Fanon, qui avait demandé instamment à rencontrer le philosophe dont il espérait une préface, lui déclare son admiration sans bornes. Cet enthousiasme réciproque laisse penser que l'échange fut d'une parfaite égalité, tant les discours furent intenses et longs de la part de chacun.

Toutefois une version moins héroïque suggère que la pression morale conféra un statut très différent aux deux interlocuteurs. Sartre avait devant lui un homme d'action qui incarnait, par ses origines et son itinéraire, ce qu'il aurait voulu être s'il n'avait pas été l'intellectuel blanc et bourgeois auquel le condamnait son appartenance de classe. Fanon, conscient de cette honte sociale, joua pleinement sur la culpabilisation de Sartre, se moquant de ses fatigues du soir ou de ses habitudes romaines. Simone de Beauvoir rapporte :

1. Claude Lanzmann, *Le Lièvre de Patagonie*, Gallimard, 2009, p. 503.

« Fanon n'oubliait pas que Sartre était français, et il lui reprochait de ne pas suffisamment expier : "Nous avons des droits sur vous. Comment pouvez-vous continuer à vivre normalement, à écrire ?" Il réclamait de lui tantôt qu'il inventât une action efficace, tantôt qu'il choisît le martyre. Il vivait dans un autre monde que nous : il imaginait que Sartre aurait bouleversé l'opinion en déclarant qu'il renonçait à écrire jusqu'à la fin de la guerre. Ou alors, qu'il se fasse mettre en prison : il provoquerait un scandale national[1]. » Ce chantage moral provoque la radicalité du texte écrit par Sartre pour préfacer le texte de Fanon. Ne cédant pas à l'injonction d'arrêter d'écrire, il compense son refus par une surenchère verbale.

Dans quel état d'esprit Sartre écrit-il cette préface aux *Damnés de la terre* ? L'indignation et la colère le guident assurément. Toutefois le récit qu'il en donne à Michelle Vian tempère singulièrement cette impression de lecteur. Certes, nous ne sommes pas obligés de croire à cette version épistolaire, car il peut aussi y avoir du jeu dans la manière de relater sa vie. Une parole privée a-t-elle autant de crédit que le discours public ? Cependant ces lignes ont bien été écrites par Sartre et ne peuvent être minorées : « Il faut reprendre le harnais : écrire une préface, ça me répugne encore[2]. » Puis : « Il a fallu faire une préface sur le colonialisme. J'ai fait ça au compte-gouttes parce qu'il fallait y mettre de la violence et que la violence verbale me dégoûte un peu : j'en ai tant fait, j'ai, comme disait le gars de *Libération*, tant poussé de cris (ce n'est pas mon naturel mais les circonstances qui m'y forçaient) que finalement

1. Beauvoir, *La Force des choses*, II, *op. cit.*, p. 318.
2. Lettre à Michelle Vian, 3 septembre 1961.

j'ai envie de chuchoter. Alors de jour en jour, je me mettais à ma table, je me disais : ne forçons pas, je suis encore fatigué, donnons quelque moment au délassement, au roman policier. Et puis, finalement, il restait trois quarts d'heure avant le déjeuner, avant le dîner. En trois quarts d'heure tu écris trois lignes, soit six par jour. Note que ça fait tout de même du 180 par mois. Bref j'ai fini hier matin cette préface et je l'ai perdue hier après-midi, ce qui veut dire que je l'ai confiée aux soins diligents de la poste italienne. En tout état de cause, je ne la recommencerai pas[1]. » Après l'avoir écrite, il constate qu'il n'a plus envie de rien, que cette écriture l'a « asséché », alors qu'il aurait tant voulu écrire de nouveau des fictions. Le moins que l'on puisse dire est que la fureur dénonciatrice du texte de Sartre n'a pas été portée par le plus grand enthousiasme, et que son « naturel » le pousse plus à murmurer qu'à hurler. Presque vingt ans plus tard, il revient sur ce moment, interrogé avec une grande liberté de ton par Benny Lévy. Il reconnaît qu'il a exagéré, qu'il a été influencé par Fanon « qui était profondément violent », et qu'au fond il a joué un numéro de théâtre, comme il les affectionnait dans son enfance lorsqu'il imitait Pardaillan, le héros des romans de Michel Zévaco :

> B. L. – Un jour, tu m'as dit, à propos de ce texte, que d'abord tu écris un premier jet et puis, systématiquement, par un parti pris de style, tu vas raturer pour que ça devienne plus violent. De là, tu es revenu à Poulou en train de guerroyer, épée à la main, dans le salon, pendant que sa mère joue du piano.
>
> J.-P. S. – D'autant que, ne l'oublie pas, le jeune Poulou se battait pour lui-même et contre les méchants.

1. *Ibid.*, 21 septembre 1961.

B. L. – Le nouveau Pardaillan en train d'écrire la préface des *Damnés de la terre*.

J.-P. S. – Certainement, il y a un peu de ça[1].

Selon cette nouvelle version donnée par Sartre, l'écriture du brûlot politique lui rappela une euphorie enfantine, présente dans son geste chevaleresque pour soutenir les faibles, mêlée à une part d'autoflagellation.

Si la guerre d'Algérie fut un moment d'intense engagement, Sartre devina l'issue décevante de l'indépendance et il s'en désintéressa assez vite. Déjà en 1960, il avouait renâcler au projet d'un film sur la situation algérienne, dans lequel voulait l'embarquer un communiste italien. Il confie à Lena Zonina son ennui de devoir regarder 20 000 mètres de pellicule d'actualités. Puis, à peine l'Algérie a-t-elle acquis son indépendance, Sartre se désole des querelles internes au FLN, il considère Ben Bella et Boumédiène comme des criminels, il condamne la dictature militaire, l'État policier, l'antisémitisme. « Cette histoire d'Algérie, ça m'emmerde drôlement[2] », écrit-il, moins au sens de l'ennui que de la contrariété. Après les années de mobilisation contre le colonialisme, Sartre confesse avoir perdu la foi de se battre, mettant sur le compte du gaullisme une dépolitisation générale : « Plus rien ne me touche ; mon cœur serait mort sans toi, mon charbon rouge. Même l'Algérie, ça ne m'amuse pas tant d'y aller », dit-il à Lena en 1964.

1. Jean-Paul Sartre, Benny Lévy, *L'Espoir maintenant*, Verdier, 1991, p. 65.
2. Lettre à Lena Zonina, 1er septembre 1962.

Ces confidences de Sartre sur ses engagements politiques majeurs, pour le communisme et contre le colonialisme, sont en contradiction criante avec ses discours publics. Elles ne les invalident pas, mais suggèrent plutôt différents degrés d'investissement psychique de l'homme engagé dans les causes qu'il défend. Elles témoignent assurément d'une tension forte entre ce qu'il désire et ce à quoi il s'oblige. Le *militant* et le *troubadour* cohabitent dans la personnalité de Sartre, et ils entrent souvent dans un conflit tacite et destructeur[1]. À observer de près ses motivations, nous comprenons que l'écrivain répond plus aux sollicitations qu'il ne se porte lui-même vers les combats politiques. Certes, il théorise cette attitude en prétextant ne pas vouloir parler et penser pour les autres, préférant servir que guider. En termes stratégiques, il n'adopte pas les idéologies et s'intéresse plutôt aux mouvements émancipateurs. Ses raisons demeurent parfois floues, et c'est l'impulsion du moment qui l'emporte, comme lorsque des manifestants italiens viennent le chercher à son hôtel romain, le Nazionale. Ou quand les maos français lui demandent de diriger leur journal, *La Cause du peuple*. Il raconte ainsi à Beauvoir, dans ses entretiens ultimes : « J'ai accepté d'être le directeur. Je ne saisissais qu'obscurément tous les motifs qui m'ont fait accepter ; ce qui me poussait, c'était une sorte d'imbrication synthétique de tous ces motifs. […] J'avais accepté d'être une sorte de prête-nom, n'ayant pas d'idée très précise sur leur tendance et leurs prin-

1. Dans un texte de 1950, « Portrait de l'aventurier », Sartre tentait de concilier les figures du militant et de l'aventurier, donnant l'avantage au premier pour finalement reconnaître sa proximité avec le second. L'ambivalence et la tension entre l'activisme politique et l'aventure individuelle se sont toujours manifestées dans l'engagement de Sartre.

cipes[1]. » Plus généralement, et malgré des engouements de circonstance qui lui donnent l'impression de jouer un rôle politique et de vivre une nouvelle jeunesse, les requêtes, les commandes, les interpellations lui pèsent. Le plus souvent, il souhaiterait penser à tout autre chose, écrire sans aucune contrainte. Lorsque Puig, son secrétaire, lui apporte son courrier, il constate leur contenu avec amertume : « 1/des propositions de conférences 2/des exigences politiques (signez ci, signez ça, présidez ce groupe ou celui-là) 3/des demandes de préfaces 4/des lettres de fous[2]. » Très tôt Sartre s'est donné des devoirs qui entravent son désir de se consacrer à la fiction. Déjà pendant la guerre, il opposait l'écriture nécessaire et l'écriture libre. À Simone de Beauvoir il écrivait ainsi : « J'ai fini l'article sur Parain et me suis remis au roman [*Les Chemins de la liberté*] avec délices. J'en ai déjà écrit quinze pages, vous en trouverez cinquante à votre retour, c'est tellement plus amusant que de parler du langage[3]. »

Un refus du plaisir et du bonheur semble tarauder ses choix d'écriture, comme si la fiction, le rêve, l'imagination étaient des activités coupables. Du coup, il s'adonne, jusqu'à l'abnégation, à des articles interminables, dont la postérité est incertaine, sur le progrès de l'économie collectiviste ou les contradictions internes à la lutte des classes, comme ce long reportage de seize articles sur la révolution cubaine, « Ouragan sur le sucre », en 1960. Lors de ses voyages en URSS, on lui demande d'écrire sur les kolkhozes et la vie rurale, à lui le philosophe parisien dont les objets d'étude

1. Beauvoir, *La Cérémonie des adieux*, *op. cit.*, p. 470.
2. Lettre à Lena Zonina, 1963.
3. Sartre, début 1944, *Lettres au Castor*, II, *op. cit.*, p. 319.

sont plutôt la phénoménologie de Husserl ou les romans de Jean Genet ! Lorsqu'il apprend que ce dernier projet pour les Soviétiques et leurs kolkhozes est abandonné, il souffle : « Tant mieux, je faisais ça par conscience[1]. » L'expression qu'il emploie signale bien l'état d'esprit qui prévaut dans ses engagements : il s'agit d'une conscience morale et d'un surmoi qui lui imposent de réfréner ses désirs asociaux. La plupart de ses engagements font l'objet, dans ses lettres intimes, de plaintes sur l'ennui qu'ils provoquent. Même les *Temps modernes*, avec leurs querelles d'ego pour décider de l'héritage de 68, le lassent parfois[2]. Certes, il participe à des numéros politiques importants, comme celui sur les Israéliens et les Arabes, recevant régulièrement chez lui des interlocuteurs des deux bords. Mais il finit par être floué : « Je me sens de plus en plus comme l'objet passif d'exigences contradictoires[3] », confie-t-il à Lena.

Ces deux tendances, le troubadour et le militant, s'affrontent avec des effets ravageurs. On le sait peu, tant il a laissé l'image d'un activiste, mais Sartre a connu des moments de saturation et de dépression, nous y reviendrons. En 1961, alors qu'il écrit sa préface pour Frantz Fanon, il ressent un abattement profond, à cause de ces écritures contraintes, qu'il s'agisse de textes politiques ou de pensums qu'il s'oblige à rédiger avec un maximum de rigueur. L'usage d'amphétamines, s'il l'aide au début, finit par l'anéantir. Il a toujours

1. Lettre à Michelle Vian, 18 juin 1966.

2. À propos de François Georges qui veut s'emparer des *Temps modernes* et se dispute avec Dany, Gaby Cohn-Bendit et Marc Kravetz, il écrit : « des Anciens Combattants, amers, avec hypertrophie du Moi » (lettre à Michelle Vian, 8 août 1969).

3. Lettre à Lena Zonina, 19 janvier 1966.

raconté que c'était pour la rédaction de *Critique de la raison dialectique* qu'il avait abusé de ce médicament, cependant il y eut recours aussi pour ses écrits conjoncturels. Et leur excès conduisit à des blocages dramatiques : « La Corydrane m'a sûrement démoli (j'en prenais 20 par jour, au départ : un tube) et j'ai dû la supprimer. Pas assez vite pour empêcher l'hypertension, trop brusquement pour me réadapter tout de suite au travail sans excitants. Résultat : les premiers jours, le travail était un supplice. Et puis – l'article enfin fini (sur la mort de Merleau-Ponty) – je suis tombé dans une espèce de prostration : je ne pouvais ni lire ni écrire, je dormais l'après-midi ; heureusement le Castor avait apporté son appareil de radio, j'ai passé deux semaines à écouter du Bel Canto. Je n'ai – à la lettre – rien fait du 10 août (fin pénible de l'article) au 30. À présent il faut reprendre le harnais : écrire une préface, ça me répugne encore. Et les belles fictions (tu sais que je voulais en faire une), fini, dans le lac. Quand j'y pensais, ça devenait flou, je ne voyais que les difficultés et ça finissait dans la mélancolie (effet de fatigue)[1]. » Sartre constate qu'il est resté un mois sans travailler et le vit dans une grande culpabilité, au lieu d'accepter qu'il pourrait prendre des vacances et oublier un peu les désordres du monde. Mais comme Frantz, son héros des *Séquestrés d'Altona*, il se sent responsable de son siècle et veut prendre le malheur de l'humanité sur ses épaules.

Le dilemme entre le devoir et le désir est vécu, chez Sartre, tantôt sur le mode de la dépression, tantôt sur celui de l'ironie à l'égard de lui-même. Il est en effet conscient du rôle qu'on lui fait jouer, de la posture qu'il prend pour incarner la conscience

1. Lettre à Michelle Vian, 3 septembre 1961.

politique de son temps. L'analyste de la mauvaise foi et de l'insincérité du moi n'est pas dupe et sait discerner sa propre part de comédie. Regardant son image dans les journaux, il note : « La photo de mon martyre. La voici : ai-je l'air assez tremblant, humaniste benoît et si soucieux, Seigneur, de l'avenir de l'espèce[1]. » De temps en temps resurgit l'individualiste chez Sartre avec parfois une tentation cynique, celle d'un homme qui regarde le monde à distance, comme Roquentin ou Érostrate, ses personnages d'avant-guerre. Il se moque des gens de pouvoir et de leur esprit de sérieux, même lorsqu'il rencontre les auteurs de l'Union des écrivains, en URSS, et qu'il dégoise sur leur censure ou sur le roman réaliste socialiste. Sartre s'observe lui-même à distance et sans complaisance, reconnaissant qu'il écrit comme une machine à faire des textes engagés. Il fait le travail qu'on lui demande, tout en demeurant absent de ce qu'il accomplit. Alors que les *Izvestia*, le journal soviétique officiel, le sollicitent pour commenter le discours de Khrouchtchev sur la paix, Sartre écrit, complètement dissocié entre ce qu'il ressent et ce qu'il accomplit : « La politique a fui de moi, c'est une hémorragie. Je suis exsangue et simplifié : il y a toi, le Castor, Flaubert et – toile de fond – les avatars des *Mots* (critiques – ventes : 50 000 ventes en 20 jours. Pour ici, ce n'est pas trop mal), le reste c'est du machinal[2]. »

Sartre s'est-il résigné à devenir une machine à écrire de la politique et a-t-il renoncé à ses écritures coupables, « bourgeoises » et « dilettantes » ? Certainement pas, et il résiste aussi à la pression constante des vrais militants, ceux qui ont

1. *Ibid.*, 15 juillet 1963.
2. Lettre à Lena Zonina, janvier 1964.

dévoué leur vie au service d'une cause. Lorsque le chef mao lui suggère d'écrire pour le peuple au lieu de se consacrer à un auteur bourgeois du XIXe siècle, il feint de ne pas avoir entendu : « Pierre Victor me demandait d'écrire un roman populaire plutôt que de continuer le Flaubert : je n'y ai jamais songé le moins du monde[1] », déclare-t-il dans son « Autoportrait à soixante-dix ans ». Sourdement, Sartre s'est révolté contre les devoirs qu'il s'est imposés. Cela dût-il étonner ou stupéfier ceux qui résument légitimement le philosophe engagé à ses combats tonitruants, il éprouvait un dégoût de la politique au même moment où il écrivait ses analyses les plus virulentes. Dans de nombreuses confidences, Sartre exprime une sorte de révolte individuelle contre la gangue militante : il défend, de manière vitale, ce qu'il est, vit et désire, rejetant le devoir, le social et le collectif qui l'étouffent. En 1962, il déclare ainsi à Lena : « Je n'ai pas envie de faire des essais politiques en ce moment » et la raison qu'il allègue repose d'abord sur l'écriture que la politique exige : son absence de style. Or il n'en peut plus d'écrire sans plaisir, dans une prose directe et sans intérêt. Il rêve au moment où il pourra se consacrer de nouveau à la littérature, après l'étude de Flaubert, et s'autoriser à inventer un style littéraire : « Flaubert me tient à cœur aujourd'hui. Quand j'aurai fini (pas avant deux ans) je me permettrai enfin de faire cette chose où l'on doit creuser et retourner les mots comme la terre et qu'on appelle un ouvrage littéraire. J'en crève d'envie mais je n'ai pas le temps[2]. » Une telle tension fait écho aux plaintes que Flaubert confiait à Louise Colet, écartelé entre son goût pour les « gueulades

1. Sartre, *Situations X*, *op. cit.*, p. 187.
2. Lettre à Lena Zonina, 8 octobre 1962.

lyriques » et la réalité provinciale de *Madame Bovary*. Ce désir repoussé d'écrire de la littérature nourrit un discours constant qui demeure comme une basse continue dans la vie politique du philosophe. Ely Ben-Gal, dans *Mardi chez Sartre*, rapporte que l'écrivain, bien qu'il travaillât passionnément chez lui à la rédaction de *L'Idiot de la famille*, acceptait toutes les sollicitations extérieures quand elles avaient un motif politique : « Je vais vendre *La Cause du peuple* à Alésia. Flaubert attendra[1] ! » lui disait Sartre, une attitude que Ben-Gal identifiait à celle d'un « laborieux petit chrétien sans dieu ».

Sans doute la formation religieuse de Sartre explique-t-elle en partie ce sens de l'obligation et de l'abnégation. Jankélévitch avait, de son côté, allégué le sentiment de culpabilité de Sartre dû à sa faible résistance pendant l'Occupation pour éclairer son engagement radical dans la politique depuis l'après-guerre. Les raisons psychologiques demeurent obscures et plusieurs strates d'interprétation coexistent. Nietzsche avait ainsi décelé dans la liberté protestante un effet retors : en assurant à la créature une relation individuelle avec Dieu, elle lui confère une responsabilité d'autant plus grande qu'elle ne peut être déléguée à un intermédiaire. Dès lors cette responsabilité est vécue dans la culpabilité permanente. Les individus sont libres pour se sentir d'autant plus coupables. Cette tendance à se malmener est consciente chez Sartre qui reconnaît son masochisme, une forme de sadisme pratiquée à l'encontre de lui-même : « J'ai trop fait de choses que je n'avais pas de goût à faire (et particulièrement les articles politiques pour lesquels je ne suis pas doué). Il fallait. Alors je m'as-

1. Ely Ben-Gal, *Mardi chez Sartre*, Flammarion, 1992, p. 174.

seyais à ma table et, hop, quatre Corydrane que je croquais (car c'était amer et que j'aime bien me faire un peu chier – sadisme ou masochisme : choisis, moi je crois que c'est les deux)[1]. » La politique est une façon de se meurtrir. Certes il la prend à cœur, certes il y « croit », cependant cette foi est animée aussi d'une volonté d'aller contre soi-même. Lorsqu'il va au bout de la contrainte, s'interdisant d'écrire pour le plaisir, s'obligeant à passer des jours sur un sujet austère et d'intérêt supérieur, il sombre et rêve de fuir loin des sollicitations militantes : « En vérité, la politique m'emmerde : surtout aujourd'hui et les Italiens me poussent ; je finirai par passer mes vacances – après l'URSS – en Norvège où l'on ne me demandera peut-être rien[2]. » Sartre est assommé par tant d'obligations qui le privent d'accomplir ce qu'il souhaite en son for intime et contre lequel pourtant il lutte.

Le grand Sartre, le Sartre officiel, écrivain engagé, conscience morale de son temps, interlocuteur politique des révolutionnaires du monde, ce Sartre cache beaucoup d'autres personnalités. Le philosophe a construit un grand récit de soi, il a exposé l'intelligibilité de son parcours, le re-totalisant sans cesse pour mieux réintégrer ses contradictions dans un processus général qui le projette vers de nouveaux horizons. Cependant une telle représentation est démentie par quantité de témoignages et de confidences sur les errements, sur les doutes et les dispersions que vécut l'homme Sartre. Plus il affirme et vocifère, moins il exprime ce qu'il ressent. L'affirmation excessive est le signe du mensonge ou, du moins,

1. Lettre à Lena Zonina, janvier 1964.
2. *Ibid.*, fin 1963.

de la tension entre des contraires. Sartre est divisé, non pas hypocrite. Il croit à ce qu'il dit et fait, mais il ne s'y retrouve pas complètement. Le « vrai » Sartre n'existe pas et il serait présomptueux de choisir entre celui qui se lance aveuglément dans les combats politiques et celui que la politique « emmerde » et qui rêve d'y échapper. Il est sans aucun doute d'un côté et de l'autre, et il n'y a pas de raison de disqualifier ses discours, sous prétexte qu'il prend distance avec eux. Le plus instructif consiste, bien davantage, à comprendre, si l'on s'intéresse à la fabrique des idées, comment des vécus très contradictoires produisent des écrits puissants. Le réglage instable que Sartre tente d'établir entre légèreté et devoir, entre le souci de répondre à la pression morale et sa conscience de l'inauthenticité, conduit à une politique de l'existence qui diffère de la mobilisation militante. Cette vie est constituée de compromis et de lignes de fuite, d'enthousiasmes et de dépressions. Sartre ne se résout pas à la facilité ni à la bonne conscience, du coup il s'empêche d'adhérer complètement à ce qu'il fait, auscultant constamment les mauvaises raisons qui le poussent à agir ou à se satisfaire de lui-même. Il s'empêche d'être heureux car le bonheur est coupable.

Camus lui avait pourtant bien dit : « Le bonheur, ça existe, ça compte ; pourquoi le refuser ? En l'acceptant, on n'aggrave pas le malheur des autres ; et même, ça aide à lutter pour eux. [...] Je trouve regrettable cette honte qu'on éprouve aujourd'hui à se sentir heureux[1]. » Mais l'empire de la morale est puissant, soutenu par un masochisme tenace.

1. Phrase de Camus rapportée par Beauvoir, in *La Force des choses*, I, *op. cit.*, p. 1105.

Dans *La Reine Albemarle ou le dernier touriste*, Sartre décrit cette lutte intérieure entre le contentement et la peur de s'y abandonner :

> Dans le fond, c'est mon laisser-aller qui m'inquiète : mon unique motif de défiance, c'est que je n'ai aucune raison de me défier. Je le voudrais et je ne peux pas : je suis investi par la douceur vénéneuse et rassurante de tout. Dans ma cahotante jeunesse, j'eus un long moment de terreur – deux ans peut-être : c'était le passage à l'âge d'homme – pourtant il m'arrivait parfois d'être visité par un bonheur simple – il faisait beau, j'allais revoir un ami, j'étais content de mon travail. Je m'y abandonnais un instant et puis, brusquement, le jet de venin jaillissait du contentement lui-même et je me disais : « Ça n'est pas naturel d'être si heureux. Il y a un piège. Quelque chose qui ne tourne pas rond. » Je cherchais le piège et, bien entendu, je le trouvais. Aujourd'hui ces infiltrations de bonheur me donnent envie de chercher le piège : on *endort* ma méfiance, on me gave. Pourquoi ? Je trouverai bien dans Venise même un bon motif d'angoisse. Mais non : cette ville est tout à fait inoffensive[1].

Le tourisme serait-il l'antidote au masochisme moral ? Une ville, Venise, semble désarmer l'inquiétude chronique de Sartre et lui offrir un bonheur innocent. Plus généralement, les voyages et la contemplation des paysages lui font oublier son sentiment du devoir. Sartre aurait-il une âme de flâneur ? En contrepoint de ses engagements, le tourisme à la fois dénoncé et recherché lui ouvre un espace de liberté.

1. Sartre, *La Reine Albemarle ou le dernier touriste*, Gallimard, 1991, p. 95.

L'AVANT-DERNIER TOURISTE

Le goût de Sartre pour les voyages est sous-estimé car il disparaît sous leur raison officielle. Le philosophe est allé en URSS, à Cuba, au Brésil, en Chine... parce qu'il y rencontrait des personnalités et délivrait des messages politiques. Ces déplacements, à valeur hautement symbolique, occultent les déambulations touristiques de celui qui aimait parcourir le monde pour le découvrir. Certes, il s'est défendu d'être un « touriste » et il a même consacré des pages à cette figure du voyageur dilettante pour le critiquer. Toutefois ces considérations ont sans doute été écrites pour se défendre d'un plaisir qu'il s'accordait clandestinement et il faut rouvrir le dossier des voyages dans la vie de Sartre, tant il s'y révèle un mode d'existence important. On distingue généralement deux types de voyageurs : ceux qui se promènent pour le plaisir et ceux qui se déplacent dans un but précis. D'un côté Baudelaire et l'éloge des voyageurs qui « partent pour partir », de l'autre Lévi-Strauss affichant sa haine des voyageurs relatant leurs impressions personnelles au lieu d'étudier les populations qu'ils rencontrent.

Quel touriste fut Sartre ? Sans aucun doute le range-t-on du côté des voyageurs actifs et travailleurs. Le mot de *touriste* semble même provocateur, tant l'idée du *tour*, de la curiosité légère, voire de la déambulation gratuite semble étrangère au philosophe. Cependant il existe une référence littéraire majeure de l'imaginaire sartrien qui assume le tourisme, celle de Stendhal. Dans l'histoire des écrivains voyageurs, tels Montaigne, Descartes, Diderot, Conrad et Segalen, il joue le rôle d'un modèle. Sartre ne théorise pas la question du voyage dans ses œuvres, se méfiant de tout romantisme ou exotisme, mais il livre ses considérations dans des écrits marginaux. Un projet inachevé, *La Reine Albemarle ou le dernier touriste*, a été publié de façon posthume et révèle chez lui, comme l'indique sa préfacière, Arlette Elkaïm-Sartre, un « désir d'écrire en liberté », ce qu'il s'octroie lorsqu'il passe ses étés en Italie, alors qu'il s'est engagé en politique avec tant de radicalité. Il existe en effet une veine sartrienne de l'écrit de voyage, que ce soit dans ses parodies du guide Baedeker ou dans ses textes précoces tels que « Soleil de minuit » (1935), « Dépaysement » (1937) et ses tableaux de l'Amérique (1945). Sartre fait alors le va-et-vient, dans les années 1950, entre le tourisme et la politique : « À la promenade stendhalienne succède l'accusation zolienne[1] », remarque Michel Contat. Dans ces embryons de réflexion sur le « dernier touriste », Sartre s'inspire des *Mémoires d'un touriste*, de Stendhal, et tente en même temps de déconstruire le tourisme. Une division prévaut dans ses considérations entre ce qu'il vit et ce qu'il analyse, entre la passivité du voyageur et la lucidité du philosophe.

1. Michel Contat, *Pour Sartre*, PUF, 2008, p. 150.

À la fin de sa vie, discutant avec Simone de Beauvoir, Sartre revient sur les déplacements accomplis et propose d'établir trois catégories de voyage :

> Le premier – que je n'ai jamais fait – c'est un voyage d'aventures ; les voyages qui nous étaient réservés par notre condition, c'était les voyages culturels, et nous en avons fait beaucoup ; et puis à cause des événements historiques qui ont eu lieu à partir de 45, nous avons commencé à faire des voyages – jamais des voyages politiques proprement dits – mais des voyages en partie politiques. C'est-à-dire, sur un terrain quelconque, essayant de comprendre le pays sur le plan politique[1].

Sartre a espéré, dans sa jeunesse, parcourir le monde et découvrir des populations étrangères. À la fin de ses études, il posa sa candidature pour enseigner à Kyoto et il fut très déçu de ne pas obtenir le poste. Son désir d'aller au Japon était empreint d'exotisme et il se souvient ainsi de ses premiers rêves de voyage : « Ma vie devait être une série d'aventures, ou plutôt, une aventure. C'est comme ça que je la voyais. L'aventure se passait un peu partout, mais rarement à Paris, parce qu'à Paris il est rare qu'on voie surgir un Peau-Rouge avec des plumes sur la tête et un arc à la main. Donc la nécessité des aventures m'obligeait à la repousser en Amérique, en Afrique et en Asie[2]. » Faute de réaliser de telles aventures, il commença à voyager avec Simone de Beauvoir, en Espagne, en Italie, au Maroc et en Grèce. Il s'intéresse

1. Beauvoir, *La Cérémonie des adieux*, *op. cit.*, p. 301.
2. *Ibid.*, p. 292.

alors aux villes et aux paysages, plus qu'aux populations. Les motivations de ce couple d'enseignants sont d'abord culturelles. « Quand j'allais à Athènes, ou quand j'allais à Rome, explique Sartre, eh bien ! Rome c'était la ville de Néron et d'Auguste, Athènes c'était Socrate, c'était Alcibiade[1]. » Cependant Simone de Beauvoir note une différence d'attitude entre eux lorsqu'ils voyagent : elle veut absolument tout voir, de peur de manquer un endroit typique de la ville ou de la région, alors que lui se plaît à relier poétiquement des images, suggérant, par exemple, une affinité des palais de Gênes avec le goût et les couleurs des gâteaux italiens. Cette manière suggère une approche plus « paysagère » et moins didactique du côté de Sartre.

Vagabonder

Les aspects politiques des pays que le couple visite sont encore flous, même s'ils voyagent à des moments de grands périls dans l'Europe des années 1930 : le nazisme quand Sartre étudie à Berlin, l'avènement de la République espagnole lorsqu'ils séjournent à Madrid, la montée du fascisme en Italie et la dictature de Metaxás en Grèce. Ils observent ces changements avec inquiétude, sans que cela déclenche un refus de voyager ou des écrits de protestation, tant leur motivation demeure touristique. Le moment de transition entre le voyage culturel et le voyage à but politique fut sans doute, pour Sartre, son périple américain, juste après-guerre, lorsqu'il fut envoyé en reportage par les journaux *Combat* et

1. *Ibid.*, p. 295.

Le Figaro. Il y découvrit avec un plaisir intense les réalités à la fois sociales, politiques et géographiques de l'Amérique, rédigeant ses articles et s'autorisant aussi des textes sur la ville de New York, sur ses rues et ses boîtes de jazz. Beauvoir en témoigne ainsi : « Il me parla des villes, des paysages, des bars, du jazz ; un avion l'avait promené à travers l'Amérique ; dans le canyon du Colorado le pilote demandait de temps en temps : je passe ? l'aile ne touche pas ? Sartre était étourdi par tout ce qu'il avait vu. Outre le régime économique, la ségrégation, le racisme, bien des choses dans la civilisation d'outre-Atlantique le heurtaient : le conformisme des Américains, leur échelle de valeurs, leurs mythes, leur faux optimisme, leur fuite devant le tragique ; mais il avait eu beaucoup de sympathie pour la plupart de ceux qu'il avait approchés ; il trouvait émouvantes les foules de New York et il pensait que les hommes valaient mieux que le système[1]. » Sartre aima la ville de New York sur laquelle il écrivit un texte éblouissant, intitulé d'abord « Manhattan, the Great American Desert », en 1946, puis « New York, ville coloniale ». Il y vante le mouvement perpétuel, les perspectives ouvertes, le mélange de légèreté existentielle et de brutalité des phénomènes climatiques. Il prolongea d'ailleurs son séjour d'un mois et demi supplémentaire qui doit moins à des enjeux politiques qu'au plaisir de la fréquentation des lieux et des personnes.

Dans la classification que propose Sartre se devine le regret du voyage culturel. Toutefois il existe un autre type de voyage dont il ne veut pas identifier le nom et qui relève

1. Beauvoir, *La Force des choses*, I, *op. cit.*, p. 973.

plus nettement du « tourisme », alliant l'agrément, le nomadisme et la contemplation désintéressée. Nous proposerons donc de nouvelles catégories pour distinguer les voyages de Sartre, les plaisirs qu'ils lui procurent et les écritures qu'ils déclenchent. Le plus évident est ce que nous pouvons appeler le voyage sédentaire. Il relève à la fois du déplacement et de l'habitude : Sartre a choisi des lieux hors de Paris, son centre, et il y séjourne régulièrement, selon un planning très scrupuleux, depuis l'après-guerre. L'Italie où il passe généralement trois mois d'été par an tient la place principale. Rome, Venise, Florence, Naples et Capri en dessinent la carte, par ordre d'importance, avec des résidences quasi immuables, comme l'hôtel Nazionale dans la capitale italienne. Chaque ville est associée à une compagne avec laquelle il séjourne, là encore, d'après un calendrier rigoureux pour répartir les semaines. En Italie, Sartre conjugue le nomadisme, voyageant de ville en ville, et le sédentarisme, entretenant ses habitudes, promenades, cafés et restaurants. Non loin de la péninsule, il affectionne aussi la Côte d'Azur, se déplaçant à Nice, Cagnes, Cannes, Mougins et Saint-Paul-de-Vence où il apprécie l'hôtel de la Colombe d'Or, fréquenté par les artistes et les écrivains. Sartre n'a jamais acheté la moindre propriété pour lui-même, et son rapport à l'argent témoigne d'un nomadisme jamais démenti : ne faisant aucune économie, il préférait la dépense, un peu pour lui-même et beaucoup pour les autres, refusant de placer ou de compter ses revenus[1]. Il a toutefois acquis une petite maison près de Nîmes, à Junas, pour sa fille, et ils y passent une partie de l'été. Tous ces lieux s'inscrivent

1. Sartre explique son rapport à l'argent et à la propriété dans les *Carnets de la drôle de guerre*, *op. cit.*, p. 477-488.

donc dans une géographie familière, qui étend la répartition des appartements et des calendriers parisiens à des régions plus éloignées.

Un autre type de voyage, plus inattendu chez le philosophe aux déplacements réglés, est celui qui révèle son côté vagabond et contemplatif : le voyage paysager. Sartre visite des pays étrangers en compagnie d'une femme, vivant un nomadisme à deux. C'est d'abord avec Beauvoir qu'il sillonne l'Europe, mais pas seulement pour des motifs « culturels », comme ceux déjà cités, au cours des années 1930. Après-guerre et dans les années 1950, ils font du tourisme en Norvège, en Islande, en Écosse, en Angleterre. Signe de son goût pour le périple touristique, Sartre écrit, en 1952, une préface pour les guides Nagel consacrée aux *Pays nordiques. Danemark, Finlande, Islande, Norvège, Suède*. On imagine mal que Sartre ait pu endosser le rôle d'un guide et, même s'il tente d'orienter les voyageurs vers des réalités sociales, il remplit malgré tout le contrat pour leur donner envie d'aller à Oslo, Bergen ou Reykjavik. Si par la suite Sartre continuera, jusqu'à la fin de ses jours, à circuler avec Beauvoir, notamment pour les grands voyages officiels et politiques, il prend l'habitude de faire des périples sentimentaux avec d'autres femmes, principalement Arlette Elkaïm. Avec elle, il accomplit des voyages à proprement parler touristiques. Alors qu'elle ne peut plus rentrer en Algérie où elle est née, les Juifs ayant été expulsés avec les colons français, Sartre lui a promis qu'il lui ferait visiter tous les autres pays de la Méditerranée. Ils se baladent donc en Grèce, en Yougoslavie, en Italie, en Israël et en Espagne, mais aussi en Norvège et aux Pays-Bas. S'il existe peu de récits de ces voyages, car ils furent souvent clandestins, il en reste cependant une documentation visuelle. Arlette emportait en effet une petite caméra et, à chaque périple, elle filmait leurs lieux de villégiature, leurs rencontres et leurs déambulations.

Les films en Super 8 qu'Arlette Elkaïm et Sartre ont tournés pendant leurs voyages offrent un aperçu étonnant des plaisirs que l'écrivain pouvait rechercher dans ce type de déplacements. Une incroyable légèreté s'en dégage, tant ils usent de la caméra avec amateurisme, jouant comme des enfants à se filmer l'un et l'autre, dans les ruines du Parthénon, dans les jardins de l'Alhambra ou sur les canaux de Venise. Au bord de la mer, sur des terrasses d'hôtel, à l'intérieur d'une voiture, ils alternent les portraits en gros plans, les panoramas paysagers et les détails pittoresques – des affiches publicitaires ou les mouvements d'un gondolier. Sartre s'y promène parfois avec une casquette, il fait le pitre, se prête à des séquences le montrant comme un touriste ordinaire qui découvre des parterres de fleurs ou des arcades en pierre. De fait, ces films pourraient avoir été tournés par n'importe qui. Ils ont été rendus possibles grâce à la démocratisation de ces appareils portatifs qui accompagnent les voyages touristiques et qu'on projette à son retour, après les avoir fait développer, grâce à un appareil Super 8 au staccato si caractéristique. Peut-être Sartre continuait-il, pendant ces déplacements, à écrire quelques textes « importants », « sérieux », mais il ne fait aucun doute que lui plaisaient ces promenades dérobées aux grandes affaires du monde. Parfois, elles entraient en contradiction avec ses engagements publics, tel leur voyage dans l'Espagne franquiste qu'il boycottait officiellement, et pour cette raison gardé secret. « L'Espagne nous était interdite :

pas question de mettre les pieds chez Franco[1] », avait écrit Beauvoir. Loin de tout engagement et de tout boycott, il traverse l'Espagne sans se préoccuper du franquisme : « En tout cas ce n'est pas la politique qui m'indispose, on n'en voit ni n'en sent rien[2] », déclare-t-il à Michelle Vian. La motivation apolitique de Sartre demeurait le plaisir de voyager, d'être ailleurs et de partager des paysages. L'enregistrement vidéo de ces moments est une fabrique de nostalgie, qui déroge aux déclarations du philosophe sur son refus des souvenirs. Que l'intention de filmer ces voyages vienne de lui ou non, leurs images témoignent d'un temps à part où la légèreté de celui qui disait appartenir au vent trouve à s'affirmer sans complexe ni culpabilité.

Bien qu'il repoussât l'idée d'écrire ces voyages, Sartre eut constamment la tentation de raconter, de décrire ce qu'il voyait. Il l'exprime de deux manières : soit en ébauchant un récit touristique paradoxal qui énonce tout en dénonçant, soit en écrivant des lettres immenses qui prennent l'allure d'un journal de voyage. La première façon, mis à part l'exception de la préface au guide Nagel, se manifeste dans l'écriture inachevée de *La Reine Albemarle ou le dernier touriste*. Usant de la stratégie du double jeu, Sartre y est à la fois le touriste et l'antitouriste. « Je regarderai donc la Ca' d'Oro. Ou plutôt, le Touriste, convoqué d'urgence, la regardera pour moi[3]. » Il veut décrire l'Italie, la beauté fascinante de ses villes, surtout Venise, en dressant une implacable critique des clichés

1. Beauvoir, *La Force des choses*, I, *op. cit.*, p. 1124.
2. Lettre à Michelle Vian, 10 juillet 1967.
3. Sartre, *La Reine Albemarle ou le dernier touriste*, *op. cit.*, p. 71.

touristiques. Il souhaite profiter du voyage sans naïveté, conscient pourtant de son plaisir ingénu. « J'ai admiré sottement, comme tout le monde, les bougainvilliers[1] », écrit-il, honteux d'un sentiment trop commun et spontané. Ne pas être dupe de soi, voilà ce qui l'obsède. Par conséquent, il déclarera la mort du tourisme, il sera même le dernier touriste ! Voyageur de l'automne, il est « le touriste de l'arrière-saison[2] », l'ultime chasseur de rêves après Montaigne, Chateaubriand, Larbaud.

Cependant Sartre ignore que la fin du tourisme a déjà été proclamée par ses prédécesseurs. Il agit là comme les philosophes qui proclament la fin de la métaphysique et qui, de fait, la reconduisent jusqu'à ce que leurs successeurs revendiquent à nouveau l'acte de décès. Déjà Stendhal, son écrivain modèle, avait dressé la critique du touriste et du récit de voyage. Lui aussi admirateur de l'Italie, auteur de *Rome, Naples et Florence*, et comme nombre d'esprits cultivés aux XVIIIe et XIXe siècles, il reprenait le genre pour y mettre fin. Il brocardait les écrivains voyageurs qui peignent les décors, mais passent à côté de la société. Son écriture rapide, faite d'impressions vives, s'opposait aux descriptions sentencieuses et pédagogiques. Sartre voudrait accomplir un geste semblable à l'égard de la tradition du récit touristique[3]. « Comme j'aurais voulu vous communiquer mes

1. *Ibid.*, p. 24.
2. Arlette Elkaïm-Sartre, présentation de *La Reine Albemarle ou le dernier touriste*, *ibid.*, p. 14.
3. Stendhal restera toujours le modèle de Sartre lorsqu'il aura en tête d'écrire sur l'Italie. À Michelle Vian, en 1958, il évoque « la spontanéité stendhalienne des femmes d'Italie » (19 juin 1958). À Lena, en 1964, il dit le plaisir de rece-

joies par touches légères, sans appuyer, sans expliquer surtout, presque sans mots. Je ne peux pas. Sans doute suis-je ainsi fait. Mais mon époque est faite comme moi : en un temps où l'on vous demande compte de tout, croyez-vous qu'on puisse dire tout simplement, comme Stendhal : "j'étais heureux" ?[1] »

Humour satirique et contemplation poétique

Malgré ce sentiment d'impuissance, Sartre se livre à l'écriture « touristique », et même sans réserve, dans les correspondances qu'il entretient avec ses compagnes. Là encore, deux rapports à la réalité visitée se distinguent, entraînant deux types d'écriture : *le récit pittoresque* ou *la description poétique*. Dans la première veine, Sartre raconte le déroulé de son voyage et s'attache au détail saillant, à des éléments exotiques sur lesquels il appuie pour amuser sa lectrice. Il n'hésite pas à reprendre des clichés, jouant de la distance du touriste français à l'égard des curiosités qu'il rencontre. Les moqueries cherchent la complicité des rieuses, une manière de partager des affects avec la destinataire. Sartre veut faire ressentir toutes ses humeurs grâce à des effets de réel et des portraits satiriques. Dès ses premières lettres de voyage, dans les années 1930, il raille les populations locales, notamment les Grecs, quand il écrit à Wanda Kosakiewicz. Après-guerre, il continue dans un style burlesque qu'il n'abandonnera

---

voir, en remerciement de son texte d'hommage à Togliatti, les éditions italiennes des œuvres classiques des voyageurs français en Italie : le président de Brosses, Montaigne et Stendhal (*Rome, Naples et Florence* et *Promenades dans Rome*).

1. Sartre, *La Reine Albemarle ou le dernier touriste*, *op. cit.*, p. 91.

jamais, gardant une sorte d'esprit potache pour décrire les indigènes. Lorsque Beauvoir et lui effectuent un grand périple en Afrique, traversant l'Algérie jusqu'au Mali pour remonter par le Maroc, il multiplie les remarques désobligeantes sur les Arabes. Il récidive lors de ses déplacements en Scandinavie puis en Grande-Bretagne, caricaturant les Islandais, les Écossais, les Anglais, les Bretons. Chaque nationalité, décrite dans des tableaux pittoresques où le physique des gens et leurs mœurs sont tournés en ridicule, reçoit son lot d'insultes. Les uns puent, les autres ont des têtes à massacre, d'autres encore sont laids et niais. Plus le degré d'étrangeté est fort, plus le trait est sarcastique : alors qu'il est reçu comme un chef d'État au Japon, ce pays dont il a rêvé dans sa jeunesse, accueilli par des dizaines de milliers d'auditeurs, il ne peut s'empêcher de persifler. Il commence par accumuler les clichés sur les visages, les repas, les manières de s'asseoir, les pièces vides, puis il se moque des geishas, des acteurs de kabuki, de la politesse de ses hôtes… Cette manière décomplexée, typique de la jeunesse ricaneuse, Sartre l'a conservée en privé.

Le « récit de voyage », à proprement parler, se manifeste, lui, par un souci scrupuleux de rapporter en détail toutes les routes et les escales du parcours. Les lettres de Sartre à Michelle Vian offrent un plan de route minutieux, débutant avec le nord de l'Algérie, continuant par le Sahara, le Hoggar, puis Gao, Bobo-Dioulasso, Bamako, Dakar, Fez… Régulièrement il dessine des cartes pour indiquer où il se trouve et quels trajets il a parcourus. Il détaille ses « circuits » touristiques dans la péninsule italienne, moins exotique que le désert, comme le tour de la Sicile, Syracuse, Agrigente,

Taormina et Messine, ou ceux de la Toscane. Il raconte son périple depuis Strasbourg vers Bonn, Cologne, Garmisch-Partenkirchen, Rothenburg, Nuremberg, chaque escale donnant lieu à des commentaires touristiques. Le circuit espagnol le mène de Grenade à Malaga, Séville, Madrid, Barcelone et Perpignan. Le voyage grec dans les Cyclades de Mykonos à Délos, Hydra et Santorin. Il décrit encore la Suisse et l'Autriche, à Fribourg, Bâle et Salzbourg. Il détaille chaque ville du Japon qu'il a visitée, Tokyo, Kyoto, Nagasaki et Kurashiki. Ou tout simplement la France lorsqu'il circule dans le Sud, depuis Albi, Toulouse, Foix jusqu'à Clermont-Ferrand. Ou encore le trajet de Nîmes à Avignon, Montpellier, Narbonne et Perpignan. La moindre étape fait l'objet de longs développements agrémentés de vignettes dignes des guides touristiques : Albi et ses maisons rouges, le lac de Königssee, Munich et la Forêt-Noire, le château de Louis II de Bavière, les calvaires bretons…

Son écriture touristique très précise témoigne d'un plaisir intense à décrire, à commenter, à juger, à comparer. Les temples romains sont plus beaux que le Parthénon, estime-t-il. « Cnossos, c'est de la merde[1] ». Le lac de Garde, Vérone et Pérouse sont sans égal. Il est fou de joie lorsqu'il rentre à Rome, après la pourriture de Naples et la beauté mortuaire d'Amalfi. L'Escurial est décevant. L'Alhambra est sublime. Il commente la corrida, faisant le connaisseur. Année après année, Sartre raconte inlassablement ses voyages, sans chercher à écrire des morceaux de bravoure. Il rapporte spontanément ses impressions de touriste, souvent nourries de culture,

1. Lettre à Michelle Vian, 9 août 1966.

mais aussi avec un parti pris peu réfléchi. Pendant trente ans, il les relate à Michelle Vian, même lorsque leur relation sentimentale s'est distendue, et il les décrit aussi à d'autres compagnes, produisant des variations entre ses différents récits. Sartre veut faire voir et faire vivre ses voyages, quasiment en direct, selon une écriture synchrone avec ce qu'il découvre. Ses lettres de voyage ont une allure de journal de bord. Le souci de « montrer », de faire voir le conduit à faire des croquis, à la manière de Stendhal dans la *Vie de Henry Brulard*. Il en parsème très souvent ses lettres pour représenter des façades, des palais, des portes mauresques, des rues en perspective, ou des détails, comme des poignées de fenêtre. Son récit de voyage en Égypte est accompagné de dessins et de cartes de Louxor, du Nil, des temples, de Karnak et d'Assouan. Il ajoute parfois des cartes postales à ses lettres, surtout lors de ses voyages en URSS, en Chine et au Japon. Touriste, assurément, Sartre l'est dans ses pratiques ordinaires et il jouit jusqu'à l'excès du récit de voyage, profitant de ses destinataires privées pour assumer ce plaisir.

Cependant les narrations de Sartre donnent aussi lieu à une autre écriture que celle de la notation pittoresque ou du commentaire sarcastique. Son œil objectif laisse souvent la place à une vision contemplative très riche et surprenante chez le philosophe, qu'on ne soupçonne pas d'une telle tendance poétique. Ce regard-là, beaucoup plus original que l'observation réaliste, révèle une psyché de Sartre peu connue, tant on l'imagine mal s'abandonner à la contemplation d'une touffe d'herbe, d'un volet fermé ou du foulard d'une passante. Plus baudelairien qu'on ne le pensait, il se montre sensible à la beauté fugitive d'un détail ou d'une atmosphère, d'un nuage ou d'une fenêtre. Cette attitude si contraire à l'activisme dont il fait preuve en politique peut s'exprimer l'été, loin de Paris. Simone de Beauvoir, dans leurs entretiens sur leur vie passée, lui fait évoquer cette attitude :

> J.-P. S. – Pendant les vacances je voulais plus "prendre mon temps" que pendant les neuf mois de l'année. [...] Je regardais les choses, je parlais de ce que je voyais, des objets autour de moi, des hommes qui passaient.
>
> S. DE B. – Je crois que, bien qu'ayant travaillé plus que moi encore dans votre vie, vous avez toujours été plus capable de rester sans rien faire.
>
> J.-P. S. – Oui, et encore à présent. Hier matin je suis resté trois heures dans ce fauteuil d'où je ne voyais pas grand-chose puisque je ne vois plus guère. [...]
>
> S. DE B. – Jamais vous ne vous racontez tel voyage que vous avez fait ?
>
> J.-P. S. – Jamais. J'ai des souvenirs fugitifs. Par exemple, j'ai un souvenir de Cordes ; des petits massifs de pied-d'alouette le long des murs, dans les rues qui montent. [...] Ma vie passée ne se rappelle à moi que sous forme contemplative[1].

Sartre a écrit des milliers de pages de correspondance pour raconter ses voyages, mais il ne s'en souvient pas volontairement : ses récits de voyage ont été rédigés en synchronie, au moment même où il vivait les choses. Et lorsque les souvenirs reviennent, ils ne s'ordonnent pas de manière narrative, mais plutôt selon des impressions statiques ou métastables, sous forme imaginaire. Le moment de l'été, des vacances ou

1. Beauvoir, *La Cérémonie des adieux*, *op. cit.*, p. 519.

des voyages est le temps propice à libérer cette psyché que le sens moral de l'obligation ne cesse de réprimer. Contre son volontarisme, Sartre accepte alors de « s'abandonner », un verbe si contraire à sa ligne directrice et à son éthique du choix, nous y reviendrons. Beauvoir sait le lui faire avouer :

> S. DE B. – Parce que vous avez été un homme très actif et qui a beaucoup travaillé, il y a quand même eu des moments d'abandon, de plongée dans l'immédiat ?
>
> J.-P. S. – Oui, il y en a eu beaucoup. [...] Un beau ciel du matin : alors que je vais regarder les choses sous ce ciel-là ; il y a un moment de parfait contentement : les choses sont là, sous ce ciel, que je vois ; je suis uniquement ça, quelqu'un qui regarde le ciel du matin[1].

Le tourisme de Sartre devient maintenant plus intéressant. Il ne présente pas seulement l'antithèse de son activisme politique, il découvre une personnalité inédite, une attention poétique au monde. Les lettres de voyage de Sartre révèlent, par l'ampleur de leurs descriptions, son plaisir esthétique à s'imprégner des paysages. Lors de sa traversée du Hoggar, par exemple, il insiste sur les couleurs du désert qu'il compare à des toiles de Dalí, de Tanguy et de Giacometti. Cependant le référent artistique s'évanouit souvent pour donner libre cours à l'imprégnation sensible et à l'association imaginaire. Sartre décrit poétiquement les palmiers et leurs formes inventives, les tamaris et leurs touffes épineuses. Loin du marronnier de *La Nausée* dont les racines angoissantes menaçaient la conscience du narrateur, ces arbres s'associent au sable et au

1. *Ibid.*, p. 532.

vent, ils participent aux images flottantes du désert. Réceptif aux paysages infinis qui confondent les horizons entre terre et ciel, Sartre aime aussi les montagnes scandinaves qui sortent de l'eau à perte de vue et qu'il observe pendant les nuits blanches d'été. Comme l'auteur des *Petits Poèmes en prose*, accoudé sur un môle, il s'imprègne des mouvements et des lumières. Lorsqu'il voyage en bateau, il se laisse guider par le défilé panoramique des rivages ou des nuages. Son regard n'objective plus, ne cherche plus la nomination et encore moins la synthèse. Accompagné de Simone de Beauvoir, il monte sur la plateforme du pont supérieur, s'installe confortablement dans un fauteuil et regarde la côte et les îles : « c'était mon heure de paysage[1] », écrit-il à Michelle.

Les récits touristiques de Sartre sont troués par des moments contemplatifs, lorsque l'espace et le temps se diluent, sortent des cadres et de la durée ordinaires. Le rythme de l'écriture change, la narration s'interrompt et la notation d'un instant, le suspens d'une image prennent le pas : un volcan ou un geyser en Islande, une impression anachronique telle que « l'île me fait Moyen-Âge[2] », la description d'un « beau ciel émouvant[3] » à Édimbourg, les forêts de Russie, les fumées qui envahissent le ciel… ces moments de grâce suscitent la rêverie de Sartre. La comparaison de ses lettres avec celles de Beauvoir souligne bien leur différence d'approche : lorsqu'elle rapporte à Nelson Algren ses expériences sur les mêmes lieux visités, elle adopte une écriture beaucoup plus synthétique et

1. Lettre à Michelle Vian, 17 juillet 1951.
2. *Ibid.*
3. *Ibid.*, 18 août 1951.

objective. Si elle s'intéresse aussi aux paysages, elle n'oublie pas l'aspect social, observant les types de population et leurs usages. Sartre pointe plutôt des individus, et s'il généralise c'est pour caricaturer les gens. Beauvoir demeure dans la rationalité, tandis que Sartre penche du côté de la littérature et de l'imaginaire. Le plaisir paysager qu'il manifeste dans ses correspondances l'emporte au point qu'il rédige parfois des lettres interminables, allant jusqu'à trente-quatre pages.

La passion de Sartre pour l'Italie l'encourage à passer à un stade supérieur de l'écriture paysagère. S'il aime livrer ses impressions poétiques dans ses confidences épistolaires, sans souci littéraire, il est tenté d'« écrire », c'est-à-dire de rechercher un langage singulier qui rende compte de la relation au paysage. Il ne peut se contenter d'une description analytique, trop touristique, mais il ne veut pas en rester à des suites de sensations. C'est le rapport entre sa conscience active/passive et la réalité voyageuse qu'il doit régler, ce qui lui pose un problème sérieux car il se sent happé par les paysages. Certes, sa maîtrise de la description phénoménologique, pratiquée dès ses premiers écrits philosophiques, lui offre une ressource, cependant il aimerait conserver le style rapide et léger des promenades stendhaliennes. Il lui faudrait s'abandonner vraiment, au risque de ne plus contrôler les effets de vérité de l'analyse. Sartre éprouve un danger dans cette tentation de vivre hors de soi, de s'identifier à une ville, de l'importer dans son espace intime. À Lena, il explique ainsi son amour de Rome : « Le meilleur de moi-même est hors de moi, projeté sur ces pierres ou – tout aussi bien – elles sont mon paysage intérieur. Pas le forum. Les places populaires avec leur poésie : pas seulement la poésie de l'Antiquité ou des

XVIe-XVIIe siècles, mais aussi celle de 1900 où ces mêmes Italiens bruns en chemisette – qui laissent deviner leurs maillots de corps – portaient des moustaches et des cols durs et même l'affreuse laideur de la Rome fasciste – que nous avons connue et qui n'avait presque pas d'autos. Tout ça, ça cause pour moi – j'oubliais les maisons modernes qui poussent partout autour des remparts comme des champignons – je peux faire le vide dans ma tête, il y a ces paroles de pierre[1]. » La poésie de la ville est devenue un langage qui remplace les discours de maîtrise, elle offre un « paysage intérieur » qui envahit Sartre. L'impossibilité d'une synthèse tient à l'imprégnation du soi qui ne peut que passer d'une sensation à une autre, d'une image historique à un détail pittoresque, sans ordre en surplomb. Le regard du spectateur est traversé plus que traversant, assailli par des vues et des visions qui le bombardent d'affects. Ça parle en lui, à travers lui, ça sort et ça rentre, ça le vide et le remplit.

L'enchantement touristique a suscité chez Sartre une nouvelle relation aux mots, plus poétique, soucieuse des sonorités et des durées. Beauvoir raconte ainsi le plaisir intense qu'il trouvait à composer un langage propice aux impressions paysagères : « Sartre me parlait de son livre. Il travaillait sans se presser, attentif à ses phrases : il y en avait que je me répétais avec délectation, à travers le silence velouté de la nuit. À Capri, cet été-là, les pierres étaient belles comme des statues, et les mots parfois scintillaient[2]. » Parmi les villes d'Ita-

1. Lettre à Lena Zonina, août 1964.

2. Beauvoir, *La Force des choses*, II, *op. cit.*, p. 99. Le livre en question est *Le Dernier Touriste* qui devait devenir *La Reine Albemarle*.

lie, Naples a d'abord déclenché son envie d'écrire sur des paysages urbains : en 1938, il publie une petite nouvelle, intitulée « Dépaysement[1] », suggérant par ce titre qu'un paysage *dépayse* d'abord, avant de peupler l'imaginaire intérieur. Inspiré par son séjour dans cette ville, deux ans auparavant, Sartre a l'ambition de dévoiler l'essence de la ville – nouvelle version du « génie du lieu » – par des réalités aussi bien sexuelles qu'alimentaires. Il reprend ensuite ces pages pour rédiger un texte à la première personne, « Nourritures », qui mêle les fantasmes du narrateur aux aspects sensibles de Naples : la saleté, la pourriture, la viande, les sécrétions. L'écriture de cette nouvelle se confond avec les passages les plus cauchemardesques de *La Nausée*, lorsque Roquentin voit se disloquer les choses autour de lui, racine d'arbre ou banquette de tramway. La dissolution du sujet dans les choses abjectes ne trouve d'antidote que dans l'espoir d'une révélation ou d'un salut final. Treize ans plus tard, Sartre ne cherche plus à livrer la « vérité » d'une ville et il préfère assumer la part indéterminée des projections imaginaires d'un touriste perdu au milieu des mirages italiens, trompé par cette reine Albemarle qu'ont déjà fantasmée les explorateurs. Le recueil, publié de façon posthume par Arlette Elkaïm-Sartre, reprend des fragments de textes sur Naples, Capri, Rome et Venise. Certes, l'intention critique y est à la manœuvre et Sartre tente de saisir la relation ambivalente des villes à leur passé antique, tout en se méfiant de leurs sortilèges touristiques. Cependant nous pouvons aussi y repérer l'extraordinaire plaisir poétique du philosophe dans ses descriptions paysagères. Il retrouve en Italie sa parenté imaginaire avec le vent, l'air,

1. Sartre, *Œuvres romanesques*, Gallimard, « La Pléiade », 1982, p. 1537-1557.

le ciel, et l'impression d'appartenir à la lumière méditerranéenne.

Cédant à la tentation de se dissoudre dans le paysage, Sartre insiste sur sa dimension aérienne et aquatique dont il suggère les beautés et les dangers. Dans « Un parterre de capucines », un texte de 1952 qui porte sur les ossuaires des capucins et le lien entre la mort et l'art, il commence par décrire poétiquement un orage sur Rome. Le thème de l'eau conduit son imaginaire de l'immersion paysagère. Venise lui fournit évidemment le lieu idéal pour développer cette fantasmagorie sur la dissolution aqueuse du moi. Poète ou peintre fantastique, il décrit ainsi l'atmosphère humide de la ville : « L'eau du ciel, c'est surtout de la bruine avec de temps à autre une goutte isolée qui se décroche et tombe ou bien de multiples petits baisers d'anges ou de bêtes qui disparaissent, on dirait des bêtes transparentes au fil de l'air en suspens, comme de très fines méduses et qui viennent exploser en crépitement d'eau pour se reformer un peu plus loin[1]. » Ange ou bête, la pluie peut être aussi bien enchanteresse que dévorante. Les petits baisers étonnent, avec leur aspect suranné, et les méduses rappellent les phobies de l'écrivain. Sartre use des analogies et, bien qu'il les organise en antithèse, il se dispose à ouvrir la voie incontrôlée des métaphores, l'aérien le disputant au marin et à ses monstres. Il se tient sur la crête des images et le gouffre n'est jamais loin, tant la flânerie poétique flirte avec le cauchemar.

Le souvenir d'un premier malaise à Venise affleure dans sa déambulation, lui suggérant de replonger dans des états

1. Sartre, *La Reine Albemarle ou le dernier touriste*, *op. cit.*, p. 100.

seconds : « En 1934, j'y étais (à Venise) fou et malheureux, je m'y suis promené toute une nuit, poursuivi par un homard considérable qui tricotait des pattes derrière moi. Je n'ai jamais de ma vie *vraiment* pensé au suicide mais cette nuit-là je craignais d'y penser[1]. » Même s'il a, en fait, ressenti cette impression deux ans plus tard, il associe le plaisir de l'eau à un sentiment de disparition : « Je me sens moi-même mirage très souvent. Tout va disparaître : restera l'eau[2]. » Le paysage est un piège, il s'y abîme avec délice et angoisse. Tel est, particulièrement, le risque de la contemplation à Venise, car elle oblige le promeneur à la flânerie, à l'empathie et à la lenteur. New York imposait au marcheur sa dureté, cependant elle rassurait Sartre, car on y vivait à cent à l'heure, tandis que Venise s'étale et engourdit le passant. Le poète flâneur est en butte à l'expérience du métastable et de l'interlope, prêt à se métamorphoser dans tout ce que Sartre abhorre : l'humide, le végétal, la mousse, l'animal, l'organique. Toutefois il maintient au plus longtemps ces états intermédiaires, à Venise, dans une conscience poétique lui permettant à la fois de jouir du spectacle et de s'y laisser glisser… juste avant de s'engloutir :

> Mon hôtel tremble sur ses bases au passage du vaporetto, tout Venise oscille sous les pieds comme un ponton, on est envahi par la douce hésitation des choses naturelles, on devient une fleur d'eau, une douce angoisse hésitante et aqueuse, un écœurement léger et sucré, une tristesse de prisonnier qui ne voit plus clair en lui-même, une vie sans avenir, voilà le sentiment qu'on a à Venise[3].

1. *Ibid.*, p. 66.
2. *Ibid.*, p. 105.
3. *Ibid.*, p. 140.

Le projet d'écrire sur les villes, et de renouveler la promenade stendhalienne, n'aboutira pas, et l'écriture poétique des paysages en restera à des textes fragmentaires, ce à quoi ils étaient peut-être destinés, dérogeant à l'esprit de totalité. Étudier le Tintoret sera, pour Sartre, une esquive et une solution, l'autorisant à parler de l'Italie à partir d'un de ses peintres, en investissant la dimension sociale de sa carrière. Il devait y retrouver la manière philosophique de ses monographies et leur dialectique familière, mais il n'achèvera pas non plus ce projet.

L'autre écriture de Sartre, inspirée par un tout autre rapport à soi et au réel, s'est vue sans cesse contrariée par la manie du contrôle et le sentiment de l'obligation. Cette tentation paysagère allait à l'encontre des engagements politiques et de la maîtrise rhétorique du philosophe. Elle l'inclinait à s'immerger dans ce qu'il observait, elle mettait en question son œil objectivant et son esprit de synthèse. Tout en projetant de déconstruire la figure du touriste, il se donnait la liberté d'écrire poétiquement son goût des voyages sans but politique. En 1964, il explique à Lena qu'il n'arrive toujours pas à écrire sur l'Italie et les Italiens car il a perdu son extériorité première. Il est « dedans », même s'il reste un étranger, un Français qui aime l'Italie :

> Je voulais parler des Italiens comme je les voyais, comme je les comprenais. C'est marrant : c'était le moment où j'avais quelque chose à dire sur eux. Tu sais, les rapports – même individuels – c'est comme ça : il y a un moment (semi-distance, semi-familiarité) où tu sais ou crois savoir

des choses sur les gens. C'est réellement un moment dialectique dans une amitié, dans les relations d'un homme à une ville, à des groupes étrangers. Et tu trouverais des choses à dire. Et puis ce serait faux ou seulement des apparences. Après, tu t'enfonces dans la chose, tu la comprends mieux mais tu es dedans, tu n'as plus rien à dire. Avec les Italiens c'est comme ça : je les adore mais je me rappelle mélancoliquement le temps où je les trouvais pittoresques, où je les guettais dans les rues, partout[1].

Telle est la double impasse, quasi tragique, de celui qui voudrait accompagner sa relation à une ville et à ses habitants d'une écriture appropriée : soit il les décrit de l'extérieur et il produit des vérités du dehors, c'est-à-dire des faux-semblants, soit il en parle de l'intérieur et alors il a perdu la possibilité d'une vérité distanciée et le désir de la transmettre. Ainsi en va-t-il de Rome et de Venise pour Sartre qui fréquente tous les ans ces villes depuis l'après-guerre, et qui sont devenues ses lieux familiers se dérobant au regard totalisant. Il est condamné au détail, au parti pris, à la singularité, alors qu'il espérait atteindre une vérité objective.

Confronté au désir d'écrire les paysages et à son impossibilité, Sartre a fait l'expérience de l'indécision du jugement et de la volonté. Alors qu'il a voulu « penser » Venise, il a été pensé et dilué par elle, au point de produire des « pensées d'eau ». Dans une allusion implicite à Stendhal, il le reconnaît ainsi : « Je veux et je ne veux pas, je veux être rose, je veux être vert[2]. » Il ne peut construire, ni choisir définitive-

1. Lettre à Lena Zonina, été 1954.
2. Sartre, *La Reine Albemarle ou le dernier touriste*, *op. cit.*, p. 112.

ment. Selon une vision très « genrée », Sartre interprète cette indétermination comme une attitude féminine, conformément à son approche du féminin associé aux états d'entre-deux et aux bouches aspirantes. De fait, Venise, faite de canaux, est féminine par excellence : on y voit « les ventouses du temps, ses succions, ses suçons à la brique, aux marches verdies, aux poteaux de bois[1] ». À la différence de Versailles ou de Madrid, Sartre n'y repère aucune construction phallique, privant le touriste d'une position de maîtrise. « Elle se colle à nous et nous frôle, relents féminins, promiscuité maternelle[2]. » L'écrivain rend donc la ville responsable de sa propre difficulté à écrire sur elle. N'arrivant pas à trouver le bon rôle, la bonne distance, l'écriture adéquate, il capitule et admet qu'elle l'a absorbé, digéré, dilué. Le monstre dévorateur continue cependant d'être aimable, puisque le touriste, ou l'antitouriste, y revient chaque année. Sartre s'y sent-il lui-même féminin pour en apprécier à ce point l'intimité ? Il est temps de longer ce canal sartrien pour comprendre le lien du tourisme aux femmes.

1. *Ibid.*, p. 113.
2. *Ibid.*, p. 94.

SARTRE *QUEER* ?

Comment se fait-il que Sartre, à soixante-dix ans, n'ait encore jamais parlé des femmes, de la condition féminine, alors qu'il a écrit sur tous les opprimés de la terre ? Simone de Beauvoir s'en étonne et lui demande de s'expliquer sur son éventuel « machisme ». Renversant la question, Sartre évoque sa proximité plus que sa distance avec les femmes : orphelin de père, il a été élevé dans un univers féminin composé de sa grand-mère, de sa mère et de petites filles. « J'ai toujours pensé qu'il y avait en moi une sorte de femme[1]. » Plus objectivement, il affirme l'égalité des deux sexes et soutient le combat féministe, ce qui ne surprend pas ses lecteurs familiers. Le seul enjeu politique de cet entretien avec l'auteure du *Deuxième Sexe* tient à l'autonomie de la lutte des femmes par rapport à la lutte des classes, ce que Sartre concède, même s'il souhaite que les deux s'articulent. Il sort en effet d'interminables débats marxistes[2] qui hiérarchisaient les combats pour l'émancipation, jugeant « secondaires » certains d'entre

1. « Simone de Beauvoir interroge Jean-Paul Sartre », in *Situations X*, *op. cit.*, p. 116.

2. Cf. *On a raison de se révolter*, avec Philippe Gavi et Pierre Victor, Gallimard, 1974.

eux. Simone de Beauvoir, forte de ses engagements et de ses discussions avec le MLF, est beaucoup plus armée sur ce sujet. L'intérêt de leur dialogue sur les femmes tient moins à l'analyse sociopolitique de Sartre qu'à ses confidences personnelles et à son propre rapport au « genre ».

Rose ou vert

Poursuivant son idée d'une « femme » en lui, ou d'un élément « féminin », il explique se sentir toujours beaucoup mieux avec « des » femmes qu'avec « des » hommes. Il évite de peu la généralisation et ne parle pas de « la » femme, ni de son essence, ni de sa nature. Il observe toutefois, par habitude, que les femmes sortent du champ du pouvoir alors que les hommes demeurent dans des discours territoriaux et professionnels : « Avec les hommes, la conversation dégénère toujours en question de métier. On en arrive toujours à parler ou des rapports économiques du moment, ou de l'aoriste grec, selon qu'on est professeur ou commerçant ; mais il est rare que, par exemple, on puisse s'asseoir à la terrasse d'un café et parler du temps qu'il fait dehors, des gens qui passent, de l'aspect de la rue, toutes choses que j'ai toujours faites avec les femmes, et qui me donnaient avec elles une impression d'égalité ; encore que, bien sûr, c'est moi qui menais la conversation[1]. » Nous retrouvons ici le goût de l'observation désintéressée, présent dans les pérégrinations touristiques de Sartre : ce plaisir de rester immobile, d'oublier l'action au profit de la contemplation, d'être sensible aux détails, aux

1. « Simone de Beauvoir interroge Jean-Paul Sartre », *op. cit.*, p. 118.

climats, aux mouvements. Un tel plaisir serait donc féminin, partageable avec des êtres qui échappent aux rivalités de pouvoir, par leur condition même de subalternes. Avec honnêteté, Sartre reconnaît qu'il prend lui-même l'initiative de ces conversations légères, ce qui tempère son sentiment d'une égalité avec ses interlocutrices. Malgré tout, il avoue ainsi une tendance profonde chez lui, une sorte de pas de côté qu'il identifie à la société des femmes, et qui le déporte loin de la politique en tant que rapport de pouvoir. Le voyage, la contemplation, la sensibilité se présentent ainsi, comme un monde en contrebande, qu'il vit plutôt clandestinement. Cette préférence pour la fréquentation des femmes, opposée à celle des hommes, peut surprendre, car la vie de Sartre est associée non seulement à celle de Beauvoir, mais aussi à des amitiés masculines. De la présence de Paul Nizan pendant sa jeunesse jusqu'à celle de Benny Lévy lors de ses dernières années en passant par ses échanges intellectuels avec Camus, Merleau-Ponty et ses collaborateurs des *Temps modernes*, il n'a pas dédaigné la proximité des hommes. Encore faudrait-il nuancer les types de relations qu'il a nouées avec chacun d'entre eux, les unes mêlées de concurrences viriles, les autres plus affectueuses et peut-être « féminines », si l'on doit reprendre ce type de catégorie simpliste. Quoi qu'il en soit, Sartre affiche une appartenance au monde des femmes.

Cependant, sa façon de parler de l'autre sexe demeure très clivée en matière de genre : il y a les hommes, il y a les femmes, avec chacun leur caractère, leur sensibilité, leur rapport au monde. La philosophie sartrienne, certes, repose sur des situations, non sur des natures, et, une fois encore, nous ne pouvons soupçonner dans cette répartition l'idée d'une nature féminine. Bien qu'il ne tombe pas dans ce piège essentialiste, Sartre généralise toutefois ses propos sur les femmes et dresse une sorte de portrait de la psychologie féminine. Dans le film d'Astruc et Contat, en 1972, quelques années, donc, avant le dialogue avec Beauvoir sur ce sujet, il parle déjà de sa préférence, de manière plus machiste, déclarant aimer surtout la compagnie des belles femmes, concédant qu'il en existe des laides, sans préciser ses critères esthétiques. Puis il affirme : « La sensibilité des femmes actuelles est plus intéressante que la sensibilité des hommes. Les hommes ont une sensibilité qui est découpée à grands traits, qui est faite comme ça, par la politique et un certain nombre de principes moraux. Un homme est conventionnel[1]. » Dans cette conversation à sept personnes se produit un étrange effet d'énonciation : tout le monde se reconnaît dans un « nous » masculin, alors qu'une femme est présente et non des moindres puisqu'il s'agit de Simone de Beauvoir. André Gorz commet d'ailleurs une bévue en suggérant à Sartre de fréquenter des femmes libérées, comme on en voit aux États-Unis, qui lui donneraient une autre image des sexes.

Beauvoir semble exclue de cette répartition entre sensibilité masculine et sensibilité féminine car, en fait, elle remplit tous les rôles : elle est l'interlocutrice intellectuelle majeure de Sartre et elle peut aussi partager avec lui le plaisir de rester à une table de café ou de restaurant pour observer le spectacle des choses ordinaires. Leur relation, du moins telle qu'ils la présentent, ne s'explique pas en termes de différence

1. *Sartre*, texte du film d'Alexandre Astruc et Michel Contat, *op. cit.*, p. 115-116.

ou de ressemblance. Ils expérimentent ensemble, sur fond d'une commune formation et de projets d'écriture. À Michel Sicard qui tente de souligner le rôle du genre sexuel dans leurs choix littéraires et philosophiques, Beauvoir réplique, avec l'acquiescement de Sartre, qu'il n'a pas de pertinence. Écrire du théâtre, de la philosophie, des romans… cela relève d'une décision intellectuelle indifférente au sexe. Elle refuse aussi l'idée d'un rapport au monde distinct entre Sartre et elle, même si elle concède avoir aimé la « Nature » davantage que lui. Toutefois cette préférence non plus ne tenait pas à sa condition de femme, encore moins au cliché misogyne selon lequel une femme serait tournée vers la nature et un homme vers la culture ! « Je ne vois pas qu'il y ait une si grande différence de sensibilité[1] », répond-elle. Lorsque Sartre signale cette sensibilité proprement féminine dont il se sent proche, ce n'est donc pas à Simone de Beauvoir qu'il pense, mais à d'autres compagnes avec lesquelles il sort vraiment de la sphère masculine, qu'il associe à la maîtrise et aux discussions morales et politiques.

Nous comprenons alors mieux le sens de cette confession de Sartre qui a l'impression d'avoir une femme en lui. Non pas d'« être » une femme, mais de l'« avoir », d'en être habité. Ce féminin lui offre une porte de sortie, loin du huis clos de la délibération politique. Il le déporte de lui-même. En ce sens, la présence d'une femme en Sartre ne relève pas d'une androgynie fantasmatique et puissante qui associerait le masculin et le féminin, en complémentarité. Elle est vécue de

1. Michel Sicard, *Essais sur Sartre. Entretiens avec Sartre (1975-1979)*, Galilée, 1989, p. 48.

manière clivée. Ou bien il se sent homme avec les hommes lorsqu'il joue ce rôle de composition, puisque l'homme lui semble « conventionnel ». Ou bien il se sent femme lorsqu'il converse librement avec les femmes. La sensibilité qu'il décrit, affectionne et désire partager appartient aux femmes qui vivent résolument du côté de l'imaginaire et du sensible, même si elles ont évidemment toutes les capacités intellectuelles pour être des interlocutrices. Avec ces femmes, Sartre assume son côté « féminin », ce qui signifie, pour lui, relâcher la pression qu'il met à défendre des causes morales et politiques.

En ce sens, nous pouvons parler d'un Sartre *queer* : il ne devient pas femme, il ne change pas de sexe, mais il se transporte dans un imaginaire et une sensibilité qu'il éprouve comme féminins. Il entre pleinement dans ce nouveau rôle tout en restant homme, un homme non plus masculin mais féminin. Cette version de lui-même, à la fois corrosive et libératrice, le déleste de ce que Derrida appelle le phallogocentrisme, le privilège accordé au discours de maîtrise et à l'affirmation phallique. Elle lui permet de contourner la différence sexuelle qui hantait ses textes philosophiques, même s'il n'en faisait pas un sujet de réflexion. Les dernières pages de *L'Être et le Néant* sur « La qualité comme révélatrice de l'être », malgré leur abstraction, contenaient en effet de nombreuses métaphores sur le féminin, associé à l'en-soi, au visqueux, à la glu, à l'obscène, à la passivité, à la bassesse, au vide, à l'orifice, à la voracité… « L'obscénité du sexe féminin, écrivait Sartre, est celle de toute chose béante : c'est un appel d'être, comme d'ailleurs tous les trous ; en soi la femme appelle une chair étrangère qui doive la transformer en plénitude d'être par pénétration et dilution. Et inversement la femme sent sa condition comme un appel, précisément parce qu'elle est "trouée"[1]. » L'ontologie a bon dos, pourrions-nous dire, et cette sexualisation de l'être ou du *Dasein* conduit à relire tout le traité phénoménologique de Sartre dans la perspective du genre, la conscience pour-soi se révélant essentiellement masculine. L'ouvrage, dédié au Castor, s'inscrit dans une tradition discursive de la philosophie qui affirme, nomme, répartit, tranche avec des concepts, impose sa marque langagière sur le monde. À ce volontarisme du sujet pensant, actif et décideur, s'oppose un autre Sartre, léger, flottant, passif et contemplatif. Celui-là ne distribue pas les rôles en s'attribuant la position dominante et phallique. Il ne cherche pas à « pénétrer » les choses, mais accepte de se laisser envahir par elles. Cet abandon ne peut être vécu qu'avec des femmes qui n'ont pas la passion du sens propre, qui usent autrement du langage et laissent du jeu entre les mots et les choses.

Jouer avec le genre conduit Sartre à vouloir penser et sentir les choses comme les femmes, voire à s'habiller comme elles. Beauvoir raconte en effet des jeux entre amis au cours desquels le philosophe, à plusieurs occasions, porte des vêtements féminins : « Sartre s'habilla en femme. Curieusement, le travesti lui seyait. Pendant sa croisière en Norvège, à l'occasion d'un bal déguisé, il avait revêtu une robe en velours noir appartenant à sa mère et coiffé une perruque blonde, avec de longues nattes : une lesbienne américaine l'avait toute la nuit poursuivi de ses assiduités[2]. » Dans sa correspondance

1. Sartre, *L'Être et le Néant*, *op. cit.*, p. 706.
2. Beauvoir, *La Force de l'âge*, *op. cit.*, p. 582.

avec Michelle Vian, il se plaît aussi à changer de sexe et à l'appeler son roi tandis que lui prend le rôle de la reine. De même avec Lena, il apprécie qu'elle prenne toutes les initiatives lorsqu'il séjourne en URSS et il dit se sentir un peu sa femme. Lorsqu'ils sont séparés, il se compare à Bérénice qui se plaint de ne pas voir son Titus. Lena est d'ailleurs parfois décrite comme une femme phallique : « Tu prends une densité d'acier, tu n'es plus un manque, tu es un couteau bien enfoncé dans mon ventre[1] », lui écrit Sartre. Cette impression d'être pénétré par une femme est confirmée par l'effet de son organe vocal quand ils se parlent au téléphone, bien que surveillés par les écoutes soviétiques : « Tu avais une voix très grave (de timbre) sans doute déformée par la distance mais belle et virile : c'était la tienne mais comme si tu avais été une femme homme. Je m'étais trompé : ça faisait sensuel, à distance, malgré toutes les politesses et le "vous", comme si ta personne entière entrait en moi par l'oreille. » L'ambivalence sexuelle se révèle d'autant plus que l'identification à la femme a paradoxalement réveillé sa virilité, une fois qu'il a assumé sa bisexualité.

Ne nous abusons pas, toutefois, sur ce Sartre féminin qui vivrait un autre rapport au monde, *queer*, voire transsexuel. L'homme féminin, avec ses compagnes, perpétua un comportement traditionnel que nous pouvons qualifier d'hétéronormé[2]. Son attitude confine même à la caricature

1. Lettre à Lena Zonina, 1963.

2. Loin d'imaginer une transition vers un autre sexe, ou un changement d'orientation sexuelle, Sartre regimbe et campe sur son hétérosexualité. Serge Doubrovsky, dans son analyse de *La Nausée*, a montré chez le personnage de Roquentin une tendance à la féminité aussitôt rejetée, contrecarrée par un désir

lorsque Sartre distingue la compagne éternelle, Simone de Beauvoir, et les « amours contingentes », selon une répartition qui ne déroge au code bourgeois que par la transparence de ces relations latérales, du moins dans le discours officiel. Il entretient généreusement nombre de compagnes qu'il a fidélisées, auxquelles il accorde des moments réguliers pendant sa semaine ou lors de ses vacances. Il doit gérer leur jalousie et il leur ment continuellement, ainsi qu'en témoignent ses correspondances avec les unes et les autres. Dans le film que Madeleine Gobeil a consacré au couple célèbre, en 1967, Sartre, depuis son balcon, peut cartographier son territoire familier où résident les femmes qui l'entourent, sur un périmètre qui va de Montparnasse à Saint-Germain-des-Prés : sa mère, boulevard Raspail, Simone de Beauvoir, rue Schœlcher, Arlette Elkaïm, rue Delambre, Michelle Vian, boulevard du Montparnasse, Wanda Kosakiewicz, rue du Dragon… À ce pré carré, il faudrait annexer des terres lointaines, où Sartre aima passionnément des femmes qui lui firent découvrir leur pays : Dolorès Vanetti aux États-Unis, Lena Zonina en URSS, Hélène Lassithiotakis en Grèce… Ce comportement polygame n'a rien d'exceptionnel et confirme la répartition des genres, l'homme ayant modernisé la tradition du harem par des moyens non coercitifs.

Nettement plus intéressante, dans cette multiplicité sexuelle, est l'expérimentation, par Sartre, de plusieurs sensibilités et sexualités. On aurait tort de penser, selon une

---

phallique de dureté, satisfait dans l'écoute musicale d'une pièce de jazz. Le fantasme transsexuel de cet antihéros correspondrait à la hantise sartrienne d'être pénétré. Cf. « Le Neuf de cœur : fragment d'une psycholecture de *La Nausée* », in *Autobiographiques de Corneille à Sartre*, PUF, 1988.

version naïve de la psychanalyse, que les objets du désir sont interchangeables et qu'ils occupent la même place dans l'imaginaire sexuel d'un seul être. En l'occurrence, il faut échapper à la version plus ou moins officielle qui s'est transmise sur la sexualité de Sartre, et qui doit beaucoup à ce qu'en a dit Simone de Beauvoir. Dans sa correspondance avec Nelson Algren, elle évoque en effet la pauvre appétence de son partenaire et le fiasco rapide de leur relation sexuelle qui prend fin peu après leur rencontre : « Sexuellement, ce ne fut pas une parfaite réussite, essentiellement à cause de lui, il n'est pas passionné par la sexualité. C'est un homme chaleureux, vivant, en tout sauf au lit. J'en eus vite l'intuition, malgré mon manque d'expérience, et peu à peu, ça nous parut inutile, voire indécent, de coucher ensemble. Nous abandonnâmes au bout d'à peu près huit ou dix ans peu couronnés de succès dans ce domaine[1]. » Lors de ses derniers entretiens avec Sartre, au cours desquels elle aborde des sujets importants, généralement occultés par la critique, tels que l'argent, la nourriture et la sexualité, elle lui fait confirmer sa frigidité :

> S. DE B. – Cette indifférence sexuelle, c'est à propos des femmes qu'on en parle, mais c'est un certain rapport avec votre corps… Je voudrais essayer de comprendre pourquoi vous avez toujours eu cette espèce de froideur sexuelle, tout en aimant énormément les femmes. Ce n'est pas le désir brut qui vous a jamais engagé…
>
> J.-P. S. – Jamais[2].

1. Beauvoir, *Lettres à Nelson Algren*, Gallimard « Folio », 1997, p. 326.
2. Beauvoir, *La Cérémonie des adieux*, *op. cit.*, p. 385.

Ce diagnostic est devenu la vérité générale sur la frigidité sexuelle de Sartre, incapable de s'abandonner même dans l'orgasme[1], alors que l'intérêt du philosophe, du romancier et du dramaturge pour les situations érotiques singulières[2] devrait éveiller l'attention des interprètes. Les correspondances de Sartre avec différentes compagnes témoignent à la fois d'un intérêt vif pour les relations sexuelles, de pratiques et de goûts différents selon ses partenaires. Avec Michelle Vian, il affectionne les mises en scène sadomasochistes où il tient le rôle du dominateur. Avec Lena Zonina, il manifeste un goût sensuel pour le sexe féminin et les odeurs corporelles fortes. Cependant, la sexualité de Sartre nous intéresse ici moins que l'expérience de vies partagées, l'ouverture sur des relations méconnues. Les échanges ne laissent pas indemnes ceux qui échangent, ils les transforment, ils leur donnent accès à des affects, des sensations, des imaginaires nouveaux. Le mot de *relation*, pour les désigner, convient mieux que ceux de *maîtresses*, *femmes-pays* ou *amours contingentes*. Sartre a découvert et poursuivi des vécus intenses avec des femmes, en retrait de sa vie officielle et de sa pensée dicible. Précisément, il a changé de vie et s'est découvert d'autres *moi*, grâce à elles. Il se perd d'ailleurs entre ces existences étanches et regrette parfois celui qu'il était avec une femme lorsqu'il doit reprendre le cours de sa vie publique. À Michelle, il demande,

1. *Ibid.*, p. 401.

2. Parmi les plus saillantes : le sadisme et le masochisme dans *L'Être et le Néant*, la sensualité de Lulu dans la nouvelle intitulée « Intimité », la description de la sodomie dans *Saint-Genet, comédien et martyr*, l'inceste dans *Les Séquestrés d'Altona*. Certains critiques ont réfléchi à ces sexualités, en deçà du discours officiel de Sartre sur lui-même, notamment Josette Pacaly dans *Sartre au miroir* (Klincksieck, 1980), et Jean-Pierre Boulé dans *Sartre, Self-Formation and Masculinities* (Oxford Berghahn, 2005).

nostalgique : « Où est le moi qui ne suis plus ce que j'étais à Capri[1] ? » Quand il décrit le bonheur d'être parti avec elle, il la remercie de lui avoir redonné « une vie privée » qu'il avait perdue en s'exposant à la transparence du tout-politique. Avec Lena, il parle de sa métamorphose, car il est devenu un autre homme pendant leur séjour amoureux : « J'ai changé de peau à Moscou entre le 10 et le 16 juillet : ultime peau morte, derrière moi, toute cette vie retrouvée ici ; poussière de nullité, et ultime peau neuve sur mes vieux os, toi ; un ancien serpent avec une peau de bébé-serpent qui le serre un peu (mais j'aime ça)[2]. » Certes, il s'agit là d'un langage commun aux amoureux, surtout à ceux qui retrouvent une nouvelle jeunesse dans la passion. Toutefois, pour Sartre, la renaissance vient essentiellement de son évasion hors du verbe, des livres, du sérieux. Il fuit les hommes car ils ne cessent de parler, d'imposer leur présence par des mots lourds, alors que lui recherche des histoires romanesques et inattendues, qui l'emportent loin de lui-même, sans qu'il ait fixé une destination. Les flottements, les submersions, les dérives associées à ces vies parallèles ou tangentes mettent la volonté en sourdine. La phrase que nous avons citée, « je veux, je ne veux pas », exprime ce balancement qui suspend le vouloir chez un être pour qui l'intention et le choix sont des principes moteurs de son existence et de sa philosophie de la liberté. En ce sens, nous appelons *queer* cette étrangeté vécue par Sartre, et qui le fait osciller entre « je veux être rose » et « je veux être vert ».

1. Lettre à Michelle Vian, 28 août 1954.
2. Lettre à Lena Zonina, 1960.

Une drôle de paternité

Jusqu'à présent, le récit biographique sur Sartre a mis en valeur, légitimement, le couple qu'il a formé avec Simone de Beauvoir et qui demeure, en dépit des leurres de leur discours public, un modèle extraordinaire de complicité intellectuelle entre un homme et une femme, et aussi de fidélité – au sens noble d'une confiance permanente. Mais « pour une vie, il y a cent biographies possibles[1] », comme l'écrit Pontalis, et d'autres histoires peuvent être contées, ouvrant des chemins moins connus[2]. Une piste encore très peu explorée concerne une relation qui fut pourtant longue et incomparable : celle de Sartre avec Arlette Elkaïm. Nous choisissons de la suivre pour plusieurs raisons : la première est que cette relation ne ressemble à aucune autre et qu'elle échappe à la répartition traditionnelle des rôles dans les domaines du genre, de la famille et de l'amitié. Elle déjoue les normes sociales et elle contrevient au rejet sartrien de la parenté. Celui qui détestait la famille, qui rejetait par principe la paternité, écrivant, dans *Les Mots*, « il n'y a pas de bon père, c'est la règle ; qu'on n'en tienne pas grief aux hommes mais au lien de paternité qui est pourri. Faire des enfants, rien de mieux ; en avoir, quelle iniquité[3] ! », ce même homme fit d'Arlette Elkaïm sa

1. J.-B. Pontalis, *L'Amour des commencements*, Gallimard, « Folio », 1986, p. 178.

2. Certains témoignages post-mortem ont dessiné de petites lucarnes dans l'existence du grand homme, un ami racontant ses « années Sartre », comme Georges Michel, une compagne révélant leur vie « clandestine », comme Liliane Siegel.

3. Sartre, *Les Mots*, in *Les Mots et autres écrits autobiographiques*, Gallimard, « La Pléiade », p. 8. Le livre paraît un an avant l'acte d'adoption d'Arlette.

fille adoptive, un an après la parution de ce texte. La deuxième raison tient au vécu sensible de cette relation. Certes, Sartre ne change pas de personnalité avec Arlette, toutefois il réactive, grâce à elle, des modes d'existence refoulés, il renégocie des réglages plus ou moins désordonnés entre sa vie collective, morale et ses activités plus asociales, plus légères, moins contrôlées par le devoir et l'exigence à l'égard de lui-même. Enfin la troisième raison, plus factuelle, vient des témoignages fournis par Arlette, de son travail éditorial essentiel et de la documentation qu'elle a laissée sur l'œuvre et la vie de Sartre.

Comment identifier cette relation à la fois improbable et décisive entre Jean-Paul Sartre et Arlette Elkaïm ? Une fois encore, l'emploi de mots triviaux serait trompeur. À ceux d'*amour secondaire*, d'*attachement filial* ou de *rapports incestueux*, nous préférerons celui d'*affinité*, un mot très ancien qui vient du latin, mais qui reste d'actualité depuis le XVIIIe siècle pour désigner aussi bien des compatibilités chimiques que des attirances sentimentales. Dans l'Antiquité il nommait ainsi les voisinages et les parrainages, puis il a désigné l'alliage de deux matières ou de deux êtres hétérogènes sous l'effet de certaines circonstances. La différence y joue un rôle essentiel et contredit l'idée d'une ressemblance qui apparenterait des éléments quasi identiques, par leur nature, leur milieu ou leurs habitudes. Elle contrevient aussi à la complémentarité qui suppose des moitiés destinées à reformer une unité originelle. L'affinité, au contraire, est antigénéalogique, procédant par affiliation, adoption, alliance inattendue, défiant la détermination sociale. En l'occurrence, rien ne prédisposait Sartre et Arlette Elkaïm à se rencontrer, alors qu'avec ses autres compagnes philosophes, actrices, journalistes ou traductrices des intérêts intellectuels et des fréquentations communes encadraient leurs liaisons. En revanche, cette jeune Algérienne de Constantine, née dans une famille juive traditionnelle qui voulait lui imposer un rôle de femme soumise, avait peu de chances de croiser la route d'un philosophe français au faîte de sa gloire, vivant à Saint-Germain-des-Prés.

Le contexte social et psychologique de cette rencontre entre Arlette Elkaïm et Sartre, s'il n'en fournit pas l'explication, éclaire sa singularité. La jeune fille de dix-neuf ans arrive en France, en 1954, pour intégrer une classe préparatoire aux grandes écoles, à Versailles. Elle a connu une scolarité chaotique en raison de l'exclusion des Juifs de la citoyenneté française et donc des écoles publiques par le gouvernement de Vichy. Alors qu'elle suivait un cours de classe élémentaire, elle dut, publiquement, décliner sa double identité, Elkaïm du côté de son père et Levi-Valensin du côté de sa mère, dévoilant ainsi une évidente judéité, et rejoignant la file des Juifs renvoyés. Elle continua ses études à la grande synagogue de Constantine, même si son milieu familial n'encourageait pas la fréquentation des livres. Par hasard, elle tomba sur *La Nausée* de Sartre, au milieu d'un lot de romans policiers. À quatorze ans, elle y découvrit un monde désenchanté qui correspondait au mal-être qu'elle ressentait dans sa famille, surtout après le suicide de sa mère. Elle fut sensible aussi à la place de la musique et elle adopta la chanson qui rythme et clôt le roman, *Some of These Days*. Lorsqu'elle quitte l'Algérie, des attentats ont déjà visé la communauté des Français issus de la métropole, mais elle n'estime pas faire partie des colons, comme le ressentent aussi les familles juives présentes en Afrique du Nord depuis l'Antiquité romaine. L'arrivée en France la confronte à une autre culture et, lorsqu'elle poursuit sa scolarité en khâgne, elle cite fréquemment Sartre dans ses dissertations de philosophie, ce qui lui vaut les réprimandes de sa professeure, peu férue d'existentialisme. De manière spontanée, elle décide alors d'écrire au philosophe qu'elle admire pour lui raconter cette déconvenue. Elle a trouvé son adresse sur un magazine, 42 rue Bonaparte, et lui envoie sa lettre comme une bouteille à la mer.

Depuis longtemps éloigné des questions scolaires, Sartre, à la même époque, se trouve dans une situation trouble. Politiquement, il s'est rapproché des communistes, en 1952, s'étant lié à eux lors de la guerre de Corée et par soutien à Jacques Duclos, le secrétaire général du PCF. Il effectue un séjour en URSS, et il écrit une pièce de boulevard pour dénoncer l'anticommunisme, *Nekrassov*. Mais comme nous l'avons observé dans ses correspondances, il n'adhère pas à ces causes et se tient dans un rôle de composition. En 1956, après la répression de l'insurrection hongroise par l'armée soviétique, il rompt spectaculairement avec les communistes. Il commence alors à s'engager intensément contre la guerre en Algérie. Sentimentalement, il flotte ou papillonne. Il s'est brouillé avec plusieurs amis dont Albert Camus, dramatiquement, à cause d'une querelle dans les *Temps modernes* provoquée par Francis Jeanson. Les positions de chacun à l'égard de l'Algérie ne favorisent pas une réconciliation, Sartre soutenant le FLN et l'indépendance, alors que Camus cherche une solution pacifique. En revanche il multiplie ses relations avec des femmes. À ses duos avec Michelle Vian et Wanda Kosakiewicz s'ajoute celui qu'il forme, en 1957, avec Évelyne Rey, la sœur de Claude Lanzmann, comédienne et militante de la cause algérienne. Un tel contexte ne le prédispose pas à porter une quelconque attention à la lettre d'une étudiante, perdue au milieu de dizaines d'autres qui arrivent quotidiennement pour le couvrir d'éloges, l'insulter ou lui demander une préface. Et pourtant, lorsque son secrétaire particulier, Jean Cau, lui signale les quelques mots écrits par une jeune pensionnaire d'un lycée de Versailles, Sartre est touché au point de rédiger la réponse suivante :

> Mademoiselle, ne vous perdez pas en vaines polémiques avec Mme X, vous valez mieux qu'elle. En un certain sens, elle représente tout simplement la culture universitaire d'aujourd'hui. C'est elle, cette culture, que vous devez apprendre si vous voulez passer vos examens. Ensuite, ce sera à vous de faire, pour vous-même et pour les autres, la vraie culture. Si vous vous sentez de temps en temps trop damnée, écrivez-moi, expliquez-moi vos difficultés, je vous répondrai. Mais ne discutez plus avec cette femme. Vous êtes certainement en infériorité, parce que vous avez raison, parce que vous cherchez, parce qu'elle ne cherche plus, parce qu'elle a tort, parce que vous apprenez encore, parce qu'elle n'apprend plus. Sa culture ne doit pas vous faire peur, les livres lus ne comptent pas, ce sont des livres refermés. Et le fait qu'elle vous exclut de ses élus doit vous rassurer : c'est qu'elle a peur de vous. Croyez-moi, ces gens ont peur, ils s'accrochent à des mots, à de la poésie comme à des épaves. Si vous n'avez plus peur d'eux, ils ne comptent plus, ils disparaissent. Croyez, mademoiselle, à toute ma sympathie.

Ces conseils d'un homme d'expérience à une jeune étudiante ont des airs de *Nourritures terrestres*, tant s'y repère le modèle de Gide suggérant au jeune Nathanaël de jeter les livres pour découvrir la vraie vie. Sartre y ajoute sa prose tranchante, celle de *Qu'est-ce que la littérature ?*, balançant les parallélismes et les oppositions pour dénoncer la culture morte et préférer l'aventure, la recherche, l'invention. L'échange aurait pu s'arrêter là ; toutefois, contre toute attente, il se poursuit avec l'envoi d'une dissertation d'Arlette et l'aide que lui apporte son philosophe de prédilection. Sartre finit par l'inviter en juin 1956, alors qu'elle a échoué au concours de l'ENS et qu'elle doit quitter l'internat pour prendre une chambre chez l'habitant. La rencontre reste brève, mais l'homme de cinquante et un ans est frappé par la douceur et la timidité de cette jeune femme de vingt ans, et il lui demande de garder le contact. Lorsqu'il apprend que le père d'Arlette lui ordonne de revenir en Algérie pour un mariage arrangé, il n'en faut pas plus pour déclencher son désir de protection. Alors débute une relation qui ne cessera jamais, Arlette accompagnant Sartre jusqu'à sa mort et au-delà, puisqu'elle consacrera sa vie à l'édition de son œuvre.

L'évolution de cette relation est étonnante, à la fois pour le couple qu'elle constitue et pour ce qu'elle révèle de la personnalité de Sartre. Elle commence sur le mode d'une aventure entre un homme mûr et une femme de trente ans de moins que lui, elle se poursuit en une complicité intellectuelle qui se transforme en un rapport filial. Elle ouvre une perspective dans la vie de Sartre en lui donnant l'occasion de vivre, hors des discours philosophiques et politiques, des existences à contretemps, de se laisser aller à ce qu'il aime et réprime par contrition morale. Retraçons les étapes de cette histoire singulière peu étudiée. À partir de 1956, Arlette prend peu à peu une place dans l'emploi du temps régulier du philosophe qui, bien qu'adepte de la liberté, n'en observe pas moins une vie routinière. Sartre distribue en effet sa semaine en accordant aux unes et aux autres des jours, des après-midi, des nuits, et même des petits déjeuners, des déjeuners et des dîners, selon une répartition quasi chronométrée. La jeune femme intègre donc le cénacle féminin du philosophe et son jeu de faux-semblants entre les unes et les autres[1]. Il la prend en effet à témoin des jalousies des unes et des autres, comme il le fait avec chacune, attisant et calmant leurs rivalités, leur promettant des voyages à Rome, Capri ou Venise. Arlette reçoit cependant des tâches spécifiques, la première étant de travailler sur le scénario des *Sorcières de Salem*. Sartre a composé une adaptation de la pièce d'Arthur Miller pour le cinéaste Raymond Rouleau et les éditions Gallimard souhaitent l'éditer. Comme à son habitude, il a écrit un énorme volume de plus de huit cents pages, impubliables telles quelles, et il demande à Arlette de l'aider à réduire son manuscrit. Encore lié au militantisme communiste, Sartre donne une orientation révolutionnaire à cette histoire de lynchage qui remonte à l'Amérique du XVIIe siècle.

Arlette Elkaïm est sans doute encore trop jeune alors pour devenir une interlocutrice politique et elle se contente d'un

1. Une fois établie dans le déroulé des semaines, Arlette se voit attribuer le déjeuner des mardi, mercredi ou samedi, les soirées des lundi, jeudi ou vendredi. Sartre se réserve avec d'autres le rendez-vous quotidien du petit déjeuner au café à 9 h 30, les autres déjeuners entre 13 h 30 et 15 h 30, les autres dîners entre 20 heures et 21 heures, les autres soirées entre 21 heures et 1 heure du matin. Le piano trouve place en début d'après-midi, et le travail d'écriture le matin entre 10 heures et 13 heures et l'après-midi entre 16 heures et 20 heures.

travail de réécriture. Toutefois il est surprenant que Sartre ne l'interroge pas, pendant ces années, sur la situation algérienne, alors qu'il s'investit de plus en plus dans le combat anticolonialiste. La virulence de ses articles contre la répression militaire et pour l'indépendance de l'Algérie devrait être un sujet de conversation entre eux, puisqu'il a devant lui une femme qui a vécu, à Constantine, les ambiguïtés de la condition coloniale, les injustices entre Arabes, Berbères, Juifs et Français, l'apparition du terrorisme et la détérioration de la société algérienne. Mais nous avons déjà observé, en étudiant sa correspondance, qu'il veut à toute force adopter une position radicale, morale et inconditionnelle. Il se sent obligé de « pousser un cri » et il puise ses sources chez ceux qui font partie de la lutte anticoloniale, militants communistes ou intellectuels engagés tels Albert Memmi, Henri Alleg, Francis Jeanson ou Frantz Fanon. Son activisme ne l'incline pas à des analyses complexes sur les communautés qui vivent en Algérie : il y a les colons et les colonisés, selon une dialectique hégélienne qui doit mener à l'éradication des premiers et à l'émancipation des seconds. La situation des Juifs sépharades ne semble pas l'intéresser et, s'il ne demande rien à Arlette, ce n'est ni par mépris ni par indifférence : elle est paradoxalement la personne qui lui permet de ne pas parler de politique.

Malgré sa situation de Juive algérienne, Arlette Elkaïm échappe à la sphère politique de Sartre et communique avec lui sur d'autres terrains. Elle poursuit ses études de philosophie à la Sorbonne où elle assiste aux cours de ses anciens condisciples, Georges Canguilhem, Vladimir Jankélévitch, Raymond Aron et Daniel Lagache. Sartre l'associe alors à l'écriture des *Séquestrés d'Altona* qu'il compose et déclame devant elle. Là encore, la dimension politique de cette pièce devrait consoner avec l'histoire familiale d'Arlette : la guerre d'Algérie en est le sujet profond, et l'Allemagne nazie en constitue l'allégorie avec une famille d'industriels impliquée dans l'extermination des Juifs. Sartre l'a élaborée en 1957, écrite en 1958, et elle fut créée en septembre 1959. Il écrivait souvent ses pièces en destinant les rôles à des amies et dut gérer la rivalité entre Wanda Kosakiewicz et Évelyne Rey qui voulaient chacune le rôle de Johanna, la belle-sœur du héros. Il termine l'écriture de la pièce à Venise, où il a emmené Arlette pendant l'été 1959, et il essaie les différentes tirades devant elle, notamment le monologue final de Frantz, morceau de bravoure dramatique. Au lieu d'une discussion politique sur l'Algérie, il s'amuse avec elle à faire l'acteur. Alors qu'il a laissé l'image d'un auteur de théâtre peu intéressé par le jeu théâtral, considérant que le texte et sa publication en livre importent plus que la mise en scène, Sartre semble avoir au contraire adoré incarner des rôles. S'il a beaucoup écrit sur la question du comédien, en reprenant l'histoire de l'acteur Kean ou dans ses monographies sur Genet et Flaubert où il insiste sur la comédie du moi, c'est qu'il a lui-même vécu ces tourniquets spectaculaires et parodiques. Contrairement à l'identité univoque de l'écrivain engagé, fidèle à sa ligne politico-morale, Sartre s'est plu à se démultiplier en des figures théâtrales. Le témoignage d'Arlette Elkaïm montre qu'il affectionnait tout particulièrement le jeu emphatique, le phrasé affectif soulignant une rhétorique grandiose. Sartre se dévoile ainsi par des rôles de composition, il joue une part de lui-même comme s'il donnait cours à une existence qu'il enviait sans se l'autoriser publiquement.

La complicité de Sartre avec Arlette Elkaïm s'est ensuite déplacée vers le cinéma, un domaine que l'on associe peu au philosophe et qui pourtant, les spécialistes le savent bien, concentra longtemps ses intérêts[1]. L'amour de Sartre pour le cinéma commença très tôt, lorsque sa mère l'emmenait voir des films muets, en cachette du grand-père Schweitzer. L'un de ses premiers textes fut consacré à cet art qu'il considérait non seulement comme la poésie du XXe siècle, mais aussi comme le plus proche des processus psychanalytiques. Un tel engouement le conduisit à célébrer l'art cinématographique devant ses élèves, en 1931, à une époque où peu de philosophes s'y étaient encore intéressés, tant ils n'y voyaient qu'un divertissement populaire et mineur. D'abord cinéphile aux goûts éclectiques, allant du western aux comédies, Sartre souhaita devenir un auteur de cinéma et, pendant la guerre, quitta l'enseignement pour un travail de scénariste chez Pathé-Cinéma. Cette activité demeure peu connue du grand public car elle fut un fiasco, de l'aveu de l'auteur qui présenta des scénarios dont seuls deux furent retenus, réalisés par Jean Delannoy (*Les jeux sont faits* en 1947) puis Yves Allégret (*Les Orgueilleux* en 1953). Après des tentatives d'adaptation infructueuses, il reporta son énergie créatrice vers le théâtre, tout en continuant d'écrire des critiques de films et de commenter, après-guerre, le cinéma hollywoodien. Une heureuse surprise arriva lorsque John Huston, en 1958, lui proposa d'écrire un film sur Freud et la naissance de la psy-

1. « Il y avait un mode d'expression que Sartre plaçait presque aussi haut que la littérature : le cinéma. C'est en regardant passer des images sur un écran qu'il avait eu la révélation de la nécessité de l'art et qu'il avait découvert, par contraste, la déplorable contingence des choses données » (Beauvoir, *La Force de l'âge*, *op. cit*, p. 395).

chanalyse. Le réalisateur, qui avait mis en scène *Huis clos*, lui offrait ainsi l'opportunité de gagner vingt-cinq mille dollars et de collaborer à un film de grande envergure. Le sujet, certes, semblait surprenant pour un philosophe qui avait contesté la notion d'inconscient[1] et les théories freudiennes, mais Sartre s'y investit pleinement, écrivant un très volumineux scénario et acceptant de rejoindre Huston en Irlande, dans son manoir de St Clerans.

Arlette Elkaïm est requise à plus d'un titre dans ce projet de scénario sur Freud pour des raisons explicites et implicites, sinon « inconscientes » : d'abord elle est chargée de fournir à Sartre une documentation sur la vie de Freud, ensuite ses talents d'interprète doivent faciliter la communication en anglais avec Huston, enfin elle joue involontairement des rôles de transfert dans le récit sartrien de la psychanalyse. Avec elle, Sartre replonge dans les imaginaires psychanalytiques, avec leurs « cas » célèbres, leurs désirs incestueux et leurs rêves à interpréter. Fort de ces réflexions et narrations freudiennes qu'il avait déjà étudiées avant d'écrire *L'Être et le Néant*, il réaménage symboliquement sa relation avec une femme en âge d'être sa fille. Malgré ces enjeux riches et complexes, ou à cause d'eux, le séjour à St Clerans, pendant l'automne 1959, se passe très mal. D'une part, le projet cinématographique repose sur un malentendu, car Huston ne connaît pas vraiment la psychanalyse et s'intéresse surtout à l'hypnose, notamment à son utilisation pour le traite-

1. Le projet est d'autant plus étonnant que Huston lui-même n'accordait pas grand crédit à la notion d'inconscient, déclarant, selon le rapport qu'en donne Sartre : « Dans le mien, il n'y a rien » (Sartre, *Lettres au Castor et à quelques autres*, II, *op. cit.*, p. 361).

ment des traumatismes de guerre. Que Freud ait, précisément, dépassé les bases théoriques de l'hypnose qu'il avait étudiée avec Charcot à Paris, cela lui échappe. D'autre part, Huston se comporte en maître des lieux peu soucieux de ses hôtes, alternant les moments de grande mélancolie et les sautes d'humeur fantasques. Sartre en fait la description sarcastique dans ses lettres à Simone de Beauvoir. Il lui raconte que Huston passe ses journées à cheval dans ses prairies et qu'il revient pour le dîner sans décrocher un mot. « Il [Huston] est *vide* sauf dans les moments de vanité enfantine où il met un smoking rouge, où il monte à cheval (pas très bien), où il recense ses tableaux et dirige ses ouvriers. Impossible de retenir son attention cinq minutes : il ne sait plus travailler, il évite de raisonner. [...] Il faut dire que souvent, après dîner, nous restons face à face, trois d'un côté : Arlette, Mme Philips et moi (ces deux derniers jours Reinhardt était à Munich), trois de l'autre : le producteur, Huston et sa femme, et que *personne*, à la lettre, ne l'ouvre[1]. » Manifestement le courant ne passe pas entre le grand cinéaste et le grand philosophe, campés chacun sur son ego et méprisant l'autre. Arlette, qui visite la région de Galway, tente, de retour le soir, de réparer les dommages causés par ce manque de communication.

Arlette se prêta, lors de ce séjour, à un jeu très révélateur de l'attitude de Sartre à l'égard de Huston et d'elle-même, comme s'ils jouaient tous les trois, et sans le savoir, une scène psychanalytique : décidément focalisé sur l'hypnose, Huston prétend pouvoir hypnotiser qui il veut, même ceux qui ne croient pas à cette méthode. Le défi est lancé et

1. Sartre, *Lettres au Castor et à quelques autres*, II, *op. cit.*, p. 360.

Sartre se prête à l'expérience. Bien entendu il résiste, il reste conscient et garde le contrôle de lui-même, ce qui met Huston en échec. C'est alors qu'Arlette accepte l'expérience à son tour, et Huston se réjouit de constater son pouvoir puisqu'elle accède à un état de conscience modifiée. La scène se joue devant Sartre qui voit son rival prendre ainsi l'avantage sur Arlette : Huston l'a captivée, il a montré sa puissance par un rapt, une sorte de ravissement qui le rend vainqueur sur deux tableaux, celui de l'intelligence et celui de la séduction masculine. Cependant la scène fut un jeu de dupes : Arlette avoue à Sartre qu'elle a feint d'être hypnotisée. Percevant la colère de Huston et ses conséquences désastreuses sur l'écriture du film, elle a jugé opportun de satisfaire le narcissisme du cinéaste et de lui faire croire qu'il avait vraiment le pouvoir d'hypnotiser. Elle a d'ailleurs failli se trahir lorsque Huston a voulu la convaincre que les clefs qu'elle tenait dans sa main étaient brûlantes et qu'elle a hésité à les lâcher. Sartre aurait dû être rassuré par cet aveu d'une supercherie révélant la naïveté de Huston, mais il fut contrarié qu'Arlette ait nourri la vanité du cinéaste, comme si elle avait commis une infidélité. Qui a le droit ou le pouvoir d'hypnotiser ? Qui peut jouer le rôle d'un psychanalyste et quels transferts et contre-transferts circulent dans cette scène et plus largement dans la relation qu'entretient Sartre avec Arlette ?

Le scénario du film sur Freud laisse émerger quelques symptômes de tels questionnements personnels, d'autant qu'il est retravaillé, modifié après que Huston l'a jugé beaucoup trop volumineux. Sartre renvoie une version encore plus grande et ce sont finalement des scénaristes professionnels qui se chargent de la réduction, aboutissant au film *Freud : The Secret Passion*, que le philosophe refuse d'assumer, absent du générique. Au cours de sa réécriture, il a repris et retouché les scènes de cure, disposant un palais de miroirs à sa propre relation avec Arlette. La collection de jeunes filles traitées par Freud – Anna, Dora, Cecily, Magda… – donne lieu en effet à des situations ambiguës où le psychanalyste joue le rôle du père, attirant et révélant les désirs inconscients et incestueux. Parfois un père est même présent dans la cure et Freud entre en concurrence directe avec lui[1]. À chaque visite du psychanalyste, les réflexions sur la différence d'âge entre les patientes et le médecin, et surtout les ambiguïtés sexuelles de leurs conversations, mettent en abyme l'attraction réciproque de l'homme mûr et de la jeune femme, avec ses transferts et ses contre-transferts. Manifestement, l'écriture du *Scénario Freud*, si elle n'a pas été une grande réussite pour le cinéma, a provoqué un moment psychanalytique intense entre Sartre et Arlette.

Ce trouble des rôles familiaux va s'intensifier, d'autant plus qu'il fait écho à l'enfance de l'écrivain philosophe : sa mère, devenue veuve alors qu'il était âgé d'un an, avait repris sa place de fille auprès de ses parents, partageant sa chambre avec Jean-Paul, vivant avec lui comme avec un frère. Dans ses écrits et son existence, Sartre aime jouer avec la confusion des rôles et des sentiments, comme en témoigne aussi le couple incestueux du frère et de la sœur dans *Les Séquestrés d'Altona*. Précisément, c'est pendant l'année de création de cette pièce, en 1959, que Sartre, lors d'un séjour en Italie, donne le change au personnel de l'hôtel où il réside avec Arlette, car une femme de chambre a parlé d'elle en lui disant

1. Sartre, *Le Scénario Freud*, Gallimard, 1984, p. 462.

« *vostra figlia* ». Loin de le vexer, cette réflexion l'a amusé et ils jouent désormais au père et à la fille, non seulement devant les autres, mais aussi entre eux, se donnant des marques de protection filiale. À cette époque, Sartre consomme des amphétamines plus que de raison pour tenir le rythme de ses écritures, notamment celle de *Critique de la raison dialectique*. Arlette s'en inquiète et lui suggère de réduire les quantités. Sartre lui répond alors : « Tu as le devoir, en tant que fille, de te soucier de la santé de ton père, mais moi, en tant que père, j'ai le droit de t'envoyer balader. » Cette comédie familiale se répète d'été en été, toujours en Italie, et elle conduit logiquement à l'idée d'une adoption. Évoquée sur un mode humoristique, lors d'un voyage à Capri, lorsque Sartre lui dit qu'il compte sur elle pour le pousser dans son fauteuil roulant quand la sénilité viendra, elle prend corps en 1965.

Dans les situations étranges, qui ne répondent pas strictement aux normes sociales, morales ou familiales, les mots sont à la fois importants et dangereux. Ils identifient des comportements et ils les rangent dans des catégories simplificatrices. Lorsque Sartre propose à Arlette d'officialiser leur filiation, il emploie une expression singulière et merveilleuse. Alors qu'il revient d'un voyage en URSS, à l'automne 1964, et qu'ils déjeunent à La Coupole, il lui demande : « Et si on s'adoptait ? » Contournant la relation d'autorité associée à la figure du père qui s'approprie un enfant, il suggère que le geste de l'adoption soit réciproque. L'enfant aussi doit choisir son parent, il n'est plus en position passive, soumis à la reconnaissance décidée par le père. Le mot d'*adoption* résonne alors pleinement avec le sens de choix, de l'option vers ou pour quelqu'un, de l'élan réciproque de l'un vers l'autre. Certes, Arlette n'est plus une enfant et l'adoption d'un adulte repose sur des considérations juridiques de transmission, plus que sur des enjeux d'éducation. Cependant la symbolique est très forte dans cette proposition venant d'un homme qui a rejeté pratiquement et théoriquement la paternité. Et elle suppose aussi un acte radical et émancipateur de la part d'Arlette qui a déjà un père biologique. Se choisir une fille lorsqu'on a honni la paternité relève d'une conversion, mais se choisir un père lorsqu'on en a déjà, c'est une renaissance. Il paraît évident que la symbolique soit, dans cette adoption, à la fois structurante et flottante : d'un côté, elle institue une reconnaissance réciproque qui, anthropologiquement, convertit une relation d'alliance en relation de filiation ; d'un autre côté – et c'est le propre de toute adoption –, elle suppose de l'alliance dans la filiation même, puisqu'elle résulte du choix d'instituer un lien hors de la parenté biologique. Et Sartre ne se privera pas de laisser flotter cette ambivalence, jouant avec les positions symboliques, les mimant pour mieux en déjouer la pesanteur normative. Libres, les adoptés ne cessent de se choisir l'un et l'autre comme ils le souhaitent.

La symbolique de cette adoption n'a pas échappé à toutes celles et à tous ceux qui, dans l'entourage de Sartre qu'on appelle « la famille », revendiquaient sans le dire une place de fille ou de fils. Cette décision est accueillie avec une forte hostilité qui ne cessera jamais vraiment. Sartre la cache à certaines proches, comme Michelle Vian qui menace de se suicider s'il adopte Arlette. À cette époque, il vit aussi un grand amour avec Lena Zonina, très amoureuse et très jalouse, et il doit composer avec la vérité. Mais il a mûri ce projet et s'est renseigné sur la possibilité d'adopter un adulte, comme un certain astrologue, Carteret, l'avait fait récemment. Restait, même si la loi ne l'obligeait pas, à s'arranger avec le père biologique et officiel d'Arlette, ce qui n'était pas une mince affaire, vu le passif familial, l'échec d'un mariage prévu en Algérie, sans compter les positions politiques de Sartre qui soutint la guerre du FLN. Toutefois Elkaïm, ce Juif algérien qui se sentait plus proche des Arabes que des colons, et qui voyait là une opportunité de « caser » une fille qui gênait sa nouvelle vie d'homme remarié, ne s'opposa pas à l'adoption. Si la symbolique est importante, du côté de Sartre elle se conjugue aussi à des raisons psychologiques et pratiques ayant conduit à cet acte juridique. À soixante ans, l'écrivain philosophe songe à la transmission de son œuvre. Même s'il a toujours affiché une désinvolture envers l'idée de postérité, il est soucieux de la continuité de ses travaux. « Tu vas bien t'embêter avec mes manuscrits », lui confie-t-il, conscient de l'immense tâche qu'il lui demande d'accomplir et dont elle s'acquittera en lui dédiant sa vie entière. Puis il exprime une inquiétude en lui demandant, avec une fragilité inhabituelle : « Est-ce que tu me défendras ? », ce qui peut étonner de la part d'un nouveau père, censé protéger sa fille. Cette crainte signale que, malgré tout, Sartre se projette vers un temps au-delà de sa mort, lorsqu'il ne sera plus présent pour justifier ses engagements. Pendant ses voyages en URSS, il a subi quelques alertes cérébrales, des AVC qui l'ont temporairement affaibli et lui ont fait ressentir la précarité de son existence et la nécessité de penser à sa succession.

Fille adoptive, Arlette joue aussi le rôle de mère protectrice, si tant est qu'il faille identifier ainsi des rôles convenus dans la vie d'un homme qui déplace constamment les positions symboliques. Elle l'accompagne et veille sur lui, l'assistant dans ses tâches militantes et modérant sa disponibilité aux injonctions qui lui sont faites. Ainsi participe-t-elle aux réunions du Tribunal Russell destiné, en 1967, à instruire le procès de l'intervention américaine au Vietnam, et dont elle écrit les minutes, constituant des dossiers de centaines de pages à partir des discours politiques et des témoignages de victimes. En mai 1968, elle le conduit dans la Sorbonne occupée, en pleine effervescence étudiante, alors qu'il est très fatigué. Le philosophe enthousiaste est très attendu, mais il se trouve vite submergé par la logorrhée des assemblées générales. Peu à peu Arlette partage, avec Simone de Beauvoir, la surveillance de sa santé, passant ses nuits chez lui, surtout à partir de 1973, lorsqu'une nouvelle attaque cérébrale provoque son inéluctable cécité, véritable drame pour celui qui ne vit que par les mots qu'il lit et qu'il écrit. Ensemble, ils prennent alors l'habitude de regarder la télévision et elle lui décrit les scènes des films du « Ciné-Club ». Elle lui fait aussi la lecture de gros ouvrages, tels un roman chinois du XVIe siècle ou l'histoire de la Révolution française par Claude Manceron. Et lorsque Sartre retravaille, en dialogue avec Benny Lévy, faute de pouvoir écrire, elle le protège de la pression exaltée que lui impose son interlocuteur.

Contrairement à la légende, propagée notamment par Simone de Beauvoir dans *La Cérémonie des adieux*, Arlette ne s'est pas associée au tournant religieux effectué par l'ancien dirigeant révolutionnaire. Elle assiste aux discussions et constate combien Sartre « rame », de son propre aveu, et s'endort parfois pendant que Benny Lévy lui parle du Talmud, ce qui n'entache pas pour autant la qualité et l'importance de leurs entretiens. C'est elle qui relit à Sartre les centaines de pages de leurs conversations, à Junas dans leur maison du Gard, menant à une publication contestée par la « famille » des *Temps modernes* qui n'apprécie pas la liberté de ton du nouvel interlocuteur, ni sa manière d'orienter le philosophe vers des références judaïques. Face à la polémique grandissante, Arlette est obligée de répondre, par une lettre ouverte dans *Libération*, aux attaques de Beauvoir qui met en cause ses capacités intellectuelles et prétend que ces entretiens, menés pendant les sept dernières années du philosophe, relèvent d'un détournement de vieillard[1] : « Quand nous étions Sartre et moi, en tête à tête, écrit Arlette, j'essayais de lui servir d'yeux, autant que cela était possible. Comme je l'ai fait pour d'autres entretiens de la même époque, je lui ai donc lu et relu leur dialogue, reprenant phrase après phrase et le tout plusieurs fois, jusqu'à l'ennuyer, consciente que certains de ses propos pourraient surprendre. Sartre a ajouté et corrigé ce qu'il a voulu. [...] Avant de mourir, Sartre était bien vivant : il ne voyait presque plus, son organisme se dégradait, mais il entendait dans les deux sens du terme, et vous l'avez traité comme un mort qui a l'inconvenance de se manifester – cette dernière comparaison n'est pas de moi, mais de lui[2]. » Elle défend ainsi la mémoire du philosophe, comme il le lui a demandé, et la qualité de ses dialogues avec le jeune Benny

1. Beauvoir dénigre cette « philosophie vague et molle » de Sartre avec Victor (Benny Lévy), « soutenu par Arlette, qui ne connaissait rien aux œuvres philosophiques de Sartre et qui était en sympathie avec les nouvelles tendances de Victor : ils apprenaient ensemble l'hébreu » (*La Cérémonie des adieux*, *op. cit.*, p. 151).

2. *Libération*, 3 décembre 1981.

Lévy dont elle n'a pas partagé la conversion à l'orthodoxie religieuse. Sa judéité, même lorsqu'elle apprenait l'hébreu, était culturelle et non cultuelle, et elle ne fut jamais un sujet de discussion entre elle et son père adoptif. Cependant, l'antisionisme et l'antisémitisme prenant le dessus en Europe, Arlette sera associée au refus de Sartre d'adopter une position unilatérale anti-israélienne, d'autant qu'elle l'accompagnera lors d'un séjour à Jérusalem en 1978. Jusqu'à la fin de ses jours, elle recevra régulièrement des lettres antisémites, les insultes raciales se mêlant au reproche d'avoir « judaïsé » le philosophe.

La singularité de cette relation entre Sartre et Arlette[1] vient de ce qu'elle échappe aux canons qui régissent les rapports entre hommes et femmes. L'anticonformisme du couple Sartre-Beauvoir inaugurait une manière non bourgeoise de concevoir la fidélité, mais il maintenait en fait une répartition bourgeoise entre la femme primordiale et les femmes secondaires ou temporaires, même si le contrat était implicitement accepté par chacune. En revanche, le fait que Sartre éprouve si souvent le besoin de cacher ses activités avec Arlette, quitte à mentir aux autres, signale qu'il vit avec elle un lien indéterminé par les normes et les genres. Leurs voyages, dont nous avons évoqué l'aspect touristique, presque banal, lui fournissent des échappées loin des radars politiques et de la transparence revendiquée. La fuite en Andalousie, en 1967, contraire au devoir de boycott de l'Espagne franquiste, et dont

1. L'emploi du nom pour l'un et du prénom pour l'autre vient de ce qu'ils s'appelaient ainsi : seule Dolorès Vanetti appelait Sartre par son prénom, et sa mère le nommait Poulou.

il fait un récit brouillé dans ses correspondances, inventant des histoires pour occulter la présence d'Arlette, en est un des exemples les plus symptomatiques. Opaque, non identifiable, leur relation déboussole les membres de la petite famille et provoque des crises irréparables. Sartre se sent même obligé de la dévaloriser, dans certaines lettres à ses amantes, pour en masquer la nécessaire constance, décrivant, avec une distance feinte, les amants farfelus – mais imaginaires – de sa fille. De fait, il la protège et il se protège en même temps, quitte à compliquer sa vie et à composer avec la vérité. Dès le début de leur rencontre, il a usé de stratégies pour la sortir de l'emprise familiale paternelle, ce qui a entraîné des quiproquos vaudevillesques, comme cette lettre de dénonciation du père biologique d'Arlette à Simone de Beauvoir, l'informant d'un amour coupable. Dans une dédicace privée de *Situations IV*, destinée à Arlette, il fait allusion à ces difficultés, brodant, autour du titre : « À mon cher petit Roitelet qui nous a mis si souvent dans des *Situations* impossibles/Sans rancune ni regret avec la toujours plus vive et plus tendre affection du Vieux Corbeau[1]. »

Ce petit nom familier de « roitelet », couplé à celui de « corbeau » dont s'affuble Sartre, situe leur relation dans le monde des oiseaux et souligne la différence entre la délicatesse du passereau, fin et coloré, et la noirceur du corvidé. Cependant il relie surtout Sartre et Arlette au monde de l'envol et renvoie à cette légèreté de l'homme qui, fondamentalement, se pense fait de vent, alors qu'il s'est obligé à chausser

1. Les livres de Sartre dédicacés à Arlette ont été déposés dans le fonds Sartre de la Bibliothèque nationale de France.

des semelles de plomb pour peser sur la terre. Aérienne, cette affinité entre oiseaux se distingue nettement du règne des constructeurs, des mammifères qui travaillent et organisent leur milieu, tel le castor, le nom familier de Simone de Beauvoir. La symbolique ne laisse aucun doute : Sartre se sent flotter dans les airs avec Arlette et, s'il veut s'appesantir, c'est en lui offrant un gros livre, comme *Critique de la raison dialectique* dont la dédicace dit : « Pour que je pèse aussi lourd dans ton cœur et dans ton estime que ce livre pèsera dans tes mains ».

Poursuivant le registre des oiseaux, Sartre multiplie les désignations de sa fille, tout en lui avouant qu'il aime se sentir prisonnier de son affection. Ainsi le suggère une autre dédicace, sur la publication des *Séquestrés d'Altona* : « À Arlette. À mon amour de petit corbillon – mésange, roitelet, candidat-rossignol –. Le plus heureux des *Séquestrés.* » L'amour filial est souligné avec le corbillon, petit du corbeau… sauf que Sartre se trompe de mot, consciemment ou, sans doute, inconsciemment, car un petit corbeau s'appelle un corbillat. En revanche, *corbillon* désigne tout autre chose : il s'agit d'une petite corbeille et d'un jeu de langage, sous forme d'une comptine, qu'on trouve déjà chez Molière, où l'on doit associer la sonorité du corbillon à ce que l'on souhaite y mettre. « Dans mon corbillon je mets des bonbons », par exemple. Par métaphore, le corbillon désigne aussi le sexe féminin. Si les mots de *mésange* et de *rossignol* se réfèrent sans doute au goût d'Arlette pour le chant, celui de *corbillon* est donc beaucoup plus ambigu et signale combien les rôles et les places symboliques sont fluctuants dans l'imaginaire de Sartre. Tantôt l'affirmation du statut paternel est nettement soulignée, comme dans cette dédicace de *Situations VIII*, en 1972 : « À ma fille chérie, ces articles pour lui prouver que son père selon la loi n'est pas tout à fait gâteux. Ton père qui t'aime ». Tantôt c'est l'affection sans parenté qui l'emporte : « Pour Arlette, mon cher amour » sur une réédition du *Mur*, ou, dans une adresse directe, sur une page de *Nekrassov*, « À toi que j'aime, mon Arlette ». Flottant, *queer*, indéterminé, cet amour, que d'aucuns auront trop vite fait d'appeler incestueux, est vécu dans une liberté équivoque.

Partant de cette réflexion de Sartre avouant à Beauvoir se sentir féminin, nous comprenons donc que, dans son imaginaire et ses affects, la distinction des sexes et des genres est plus complexe que ce schéma binaire du masculin/féminin. Malgré la répartition de ses compagnes à l'intérieur d'un gynécée officiel, avec une femme majeure et des relations mineures dites contingentes, il vit des expériences plus indéterminées, liées à des rôles familiaux qui compliquent son agencement personnel et collectif. À cet égard, la rencontre improbable avec Arlette Elkaïm a été à la fois le vecteur de sentiments troubles et l'ouverture à une vie légère, loin des contraintes morales et politiques que Sartre s'est imposées. Le flottement, l'insouciance, le jeu lui ont permis de retrouver, ou d'inventer une enfance, c'est-à-dire un temps de plaisirs polymorphes et peu prévisibles. Car cet homme si occupé par le contrôle de soi, si érigé dans l'action, s'autorisait aussi des abandons, parfois à ses dépens, ce qui nous conduit à ouvrir un autre dossier, celui de ses défaillances.

COMMENT S'ABANDONNER

Pourquoi un philosophe met-il tant d'acharnement à définir l'humain par son activité, sa liberté, sa projection vers l'avenir, son arrachement à l'inertie des choses ? De fait, Sartre s'inscrit dans la lignée des métaphysiciens qui mettent en valeur le surgissement de la conscience hors de la nature ou de la matière, sa maîtrise sur le monde et sur elle-même. Ce portrait glorieux et volontariste semble peu compatible avec la face obscure de l'existence, la tendance à se perdre, à sombrer et à se détruire. Nous sommes alors bien étonnés, encore une fois, de découvrir un tout autre Sartre, tourné vers la mélancolie, le morbide et l'autodestruction. Son goût pour les hallucinations, la perte de contrôle, la folie romantique ou la prise de drogues sont pourtant détectables dans ses écrits et son mode de vie. Observant ce grand écart, nous sommes d'autant plus sensibles à sa volonté de contrer, théoriquement, de telles tentations et de réaffirmer les droits de la conscience libre. Qu'il s'agisse du délire ou de la dépression, de la vie inconsciente ou onirique, Sartre met trop d'énergie à les dénoncer pour que nous ne soupçonnions pas une tension psychique à l'œuvre.

Drogues

Une information factuelle, mais récurrente, ouvre une piste sur ce comportement décalé : l'usage immodéré de diverses drogues. À plusieurs moments de sa vie, Sartre a en effet consommé des substances toxiques, soit pour des motivations intellectuelles, soit par un sérieux penchant pour la recherche d'états seconds. La première expérience repérable concerne l'injection de mescaline. Sartre a vingt-neuf ans et, grâce à son ancien condisciple Daniel Lagache, devenu médecin, il a accès à cette drogue hallucinogène. Sous le prétexte d'une enquête sur les phénomènes imaginaires, il se fait piquer à la mescaline et découvre ainsi les effets d'une substance psychédélique, proche du LSD, qui deviendra très recherchée dans les années 1950 et 1960, notamment par le poète Henri Michaux. Le motif peut prêter à sourire tant il faut d'assurance dans les pouvoirs de la raison pour croire qu'on puisse à la fois délirer et s'observer délirer. Une sorte de conscience supérieure devait permettre au philosophe de savoir ce qu'est une hallucination, depuis l'intérieur, tout en gardant sa lucidité. Cependant cette drogue produisit sur Sartre les mêmes résultats que connaissent les gens ordinaires : une désorientation, des perceptions déformées et, malheureusement, des nausées. Pire, elle provoqua chez lui, pendant les six mois qui suivirent, une forte dépression, voire un sentiment de folie. Sartre n'arrive pas à rejoindre le réel et ce flottement le fait plonger dans une sorte de torpeur au lieu de lui révéler une vérité existentielle. Dans le film qui lui est consacré, il raconte cette triste aventure :

La mescaline avait donné – je l'ai su après – des hallucinations fort agréables à un médecin qui l'expérimentait avec moi, mais comme moi je l'avais expérimentée avec Lagache qui est un peu sombre de caractère et qui m'avait dit : « C'est épouvantable, ce que ça donne », j'avais eu des tas d'images désagréables. Le premier contact avec la mescaline, ça a été dans une pièce à demi éclairée où tous les objets se déformaient selon une vraie perspective : je voyais la main et le pied d'un des médecins qui me regardaient qui augmentaient de taille en s'approchant de moi et qui diminuaient en s'en reculant. En plus, il y avait dans les perceptions des savoirs qui transformaient les perceptions d'une manière étrange. Il y avait un parapluie accroché à une patère, et j'avais l'impression que c'était un vautour. La partie en toile du parapluie faisait des ailes, et puis il y avait le cou et une sorte de bec. C'était vu comme ça. Je savais que ce n'était pas un vautour mais je ne pouvais m'empêcher de le voir comme tel. Et quand je suis sorti, j'ai eu d'étranges perceptions aussi. J'ai vu un homme qui était un crapaud, qui courait dans la rue. Et enfin, au retour de Rouen, je voyais le soulier du Castor qui était une grosse mouche. Et je dis « le soulier était une grosse mouche », il faut bien comprendre, je le voyais comme une grosse mouche, et je savais qu'il n'était pas une grosse mouche. Et puis alors, à partir de ce moment-là, ça a commencé à se développer selon certains savoirs psychiatriques que j'avais. Par exemple j'envisageais tout de suite tout ça devant me conduire – je me demande pourquoi – à la psychose hallucinatoire chronique. Oui, je considère ça un peu comme une crise d'identité qui venait du passage à des occupations d'adulte[1].

1. *Sartre. Un film réalisé par Alexandre Astruc et Michel Contat*, *op. cit.*, p. 52-53. Beauvoir raconte cette tentation de la folie chez Sartre : « Un après-

À défaut de comprendre ce qu'est une conscience qui hallucine et de quel choix l'hallucination relève, l'écrivain, lui, en retient des descriptions spectaculaires. Précisément, le roman qu'il écrit à la suite de cette expérience s'intitule *La Nausée* et fourmille de nombreuses scènes de délire. Roquentin, son personnage principal, voit constamment surgir des réalités qui se déforment, sa propre main est un crabe, la banquette du tramway devient un âne mort éventré, la racine d'un marronnier une patte menaçante qui englue et englobe celui qui la regarde. Les lecteurs familiers de Sartre connaissent ces fantasmagories souvent liées au monde des crustacés qu'il abhorre et qui peuplent ses phobies, jusque dans sa pièce de 1959, *Les Séquestrés d'Altona*, où le personnage central s'explique devant un tribunal de crabes.

La tentation de la mescaline doit cependant être reliée plus généralement à un comportement addictif qui met le corps en danger. Toujours motivé par un argument intellectuel, Sartre, dans les années 1950, découvre la Corydrane, un mélange d'amphétamine et d'aspirine que Wanda Kosakiewicz lui a fait partager. Désireux d'écrire au plus vite un de ses ouvrages philosophiques majeurs, *Critique de la raison dialectique*, il en abuse follement, prenant souvent dix cachets par jour quand il devrait se limiter à un seul. Mais il

---

midi, nous nous promenions à Rouen, sur la rive gauche de la Seine, entre des rails, des chantiers, des wagonnets, et des lambeaux de prairies lépreuses ; il me dit brusquement : "Je sais ce qui en est : je commence une psychose hallucinatoire chronique." Telle qu'on la définissait à l'époque, c'était une maladie qui en dix ans sombrait fatalement dans la démence » (*La Force de l'âge*, *op. cit.*, p. 547).

veut marquer le champ intellectuel et réussir un grand défi, celui d'allier l'existentialisme et le marxisme, la subjectivité et le collectif. De fait, l'écriture sous Corydrane est un flux continu, comme s'il n'y avait pas de délai entre la pensée et sa « transcription ». Les phrases courent, interminables, et il en résulte des magmas théoriques de plusieurs pages sans paragraphes qu'Arlette Elkaïm devra plus tard espacer et chapitrer pour les rendre plus lisibles. Certes, la Corydrane lui a permis de réaliser son projet théorique, cependant elle l'a aussi détruit, tant les séquelles sur ses artères ont été durables et délétères. Les premiers signes en sont décrits par Simone de Beauvoir qui assiste à cette euphorie suivie de retombées cataleptiques : « Sartre se défendait en écrivant furieusement *Critique de la raison dialectique*. Il ne travaillait pas comme d'habitude avec des pauses, des ratures, déchirant des pages, les recommençant ; pendant des heures d'affilée, il fonçait de feuillet en feuillet sans se relire, comme happé par des idées que sa plume, même au galop, n'arrivait pas à rattraper ; pour soutenir cet élan, je l'entendais croquer des cachets de Corydrane, dont il avalait un tube par jour. À la fin de l'après-midi, il était exténué ; toute son attention relâchée, il avait des gestes incertains et disait souvent un mot pour un autre[1]. » Les amphétamines auraient pu demeurer une aide circonstancielle, mais Sartre y recourt systématiquement dès qu'il a un article à rédiger. Lui demande-t-on un texte dans l'urgence, il est capable de travailler vingt-huit heures de suite, confie Beauvoir qui le voit nier toute fatigue et finir par s'écrouler. Sartre n'hésite pas à mettre son corps à l'épreuve, une manière de le nier et de ressentir

1. Beauvoir, *La Force des choses*, II, *op. cit.*, p. 106-107.

une surpuissance. Les amphétamines semblent jouer un rôle inverse à celui des hallucinogènes, mais elles concourent à la recherche d'états seconds, obtenus grâce à des substances chimiques. Et leur abus témoigne du renversement de la maîtrise en dépendance. Simone et Arlette veilleront sans arrêt à ce que Sartre en réduise la consommation, à laquelle s'ajoute celle d'autres drogues.

L'alcool est un autre dossier lourd des addictions sartriennes. Sans doute conviendrait-il d'y associer le tabac, tant il est présent sous forme de pipes et de cigarettes sur de célèbres portraits de l'intellectuel. Sartre fut continuellement photographié avec ses grosses Boyards à la bouche, au point qu'une affiche de la Bibliothèque nationale de France pour le centenaire de sa naissance, ayant gommé cet appendice, fit scandale tant l'homme et sa cigarette paraissaient indissociables. Toutefois cette habitude correspond à une époque très « fumeuse » et n'a rien de trop singulier, tandis que la consommation d'alcool, si elle relève aussi d'un usage quasi culturel, a participé d'un comportement psychique particulier chez Sartre. Le whisky avait sa préférence et il n'hésitait pas à l'associer à la Corydrane, ce qui diffère la sensation d'ivresse et incite à boire davantage. Les effets d'un tel mélange sont la perte du contrôle de soi, l'irritabilité, l'accélération du rythme cardiaque, symptômes que décrit encore Beauvoir lorsqu'elle tente de restreindre le nombre de verres et se voit opposer une résistance colérique.

À plusieurs moments de sa vie, Sartre subit des chocs alcooliques, notamment lors de ses voyages en URSS où les banquets d'écrivains et d'apparatchiks sont l'occasion de défis et de beuveries. Après de fortes consommations de vin et de vodka, l'ami du monde communiste finit à l'hôpital[1]. Ses récurrentes crises de foie résultent aussi de tels excès que Beauvoir décrit, fidèle au contrat de tout dire, soulignant la dégradation de son compagnon : « La voix pâteuse, embrouillant ses mots, l'écriture et l'orthographe folles, il avait des vertiges et des pertes d'équilibre. [...] Le cou raide, les membres gourds, le visage gonflé et figé, la parole et les gestes incertains. Son humeur aussi était insolite : une bonace coupée de rages aiguës. [...] Les mots se chevauchaient, difformes et incohérents[2]. » Jusqu'à la fin de ses jours, Sartre réclame ses doses de whisky, au point de cacher des bouteilles sous son lit, lorsque Simone ou Arlette le surveillent, tant les médecins les ont alertées sur les dangers de cette addiction. Quand il est seul, il se soûle, jusqu'à être « ivre mort[3] », admet-il. Dans leurs derniers entretiens, Beauvoir l'interroge sur cet alcoolisme et tente de lui en faire analyser les ressorts psychiques. Ne chercherait-il pas dans la boisson un moyen de s'abandonner, de sortir du contrôle ?

> S. DE B. – Ça vous abrutissait. Il y a un certain degré où vous étiez très drôle, au contraire, très poétique et très drôle, et c'était très amusant, particulièrement dans les fiestas, ou juste après la guerre, quand en même temps c'est un défoulement.
>
> J.-P. S. – Oui, c'était un défoulement. On s'emmerdait sous l'Occupation.
>
> S. DE B. – Boire entre amis, avec Camus par exemple,

1. *Ibid.*, p. 32.
2. *Ibid.*, p. 173.
3. Sartre, « Autoportrait à soixante-dix ans », *op. cit.*, p. 164.

c'était très amusant. Vous disiez aussi qu'il y avait dans l'alcool un plaisir parce qu'il y avait une espèce de risque.

J.-P. S. – Oui.

S. DE B. – C'était légèrement destructeur.

J.-P. S. – Mais ça, ça passait très vite. Dès qu'on allait un peu de l'autre côté, on commençait à être détruit et le risque était une réalité.

S. DE B. – Oui.

J.-P. S. – On aimait bien la destruction en tant que telle, on aimait bien avoir des idées troubles qui étaient vaguement interrogatives, et puis qui se désagrégeaient[1].

Peu évoquées chez cet activiste, forcené du travail et de l'engagement, les chutes dépressives ont été pourtant fréquentes. Si elles provenaient de raisons psychiques, elles étaient aussi la conséquence de ses consommations addictives. La mescaline, la Corydrane, l'alcool ont entraîné des états seconds, voire cataleptiques. Selon un cercle infernal, ces drogues viennent interrompre l'éreintement dû à une suractivité, mais elles produisent à leur tour des effondrements. Censées compenser une grande fatigue et offrir une échappée, elles accablent davantage. En fait, leur consommation participe d'une même attitude que l'affairement au travail, marqué par la compulsion. Sartre ne cesse d'écrire – des essais philosophiques, des pièces de théâtre, des articles, des centaines de lettres –, il répond aux injonctions politiques, il voyage où on l'appelle, il boit, il prend des stupéfiants, des excitants… le tout sans modération. En contrepoint, l'Italie, chaque été, lui offre un asile où il tente d'échapper à l'angoisse sans tomber dans l'attitude compulsive. Face aux

1. Beauvoir, *La Cérémonie des adieux*, *op. cit.*, p. 404-405.

échecs, lorsqu'il comprend que l'engagement intellectuel ne change pas le cours du monde, il essaie d'oublier, demandant même à Beauvoir de ne pas lire le journal tant les nouvelles sont déprimantes. Cependant il est vite repris par la nécessité d'écrire et repart dans des tunnels de rédaction, jusqu'à la nausée. L'alternance d'écriture obsessionnelle et de consommation addictive présente les deux faces d'une même tendance à vouloir s'oublier, en se donnant ou en se perdant.

La relation de Sartre à l'angoisse demeure équivoque, surtout à cause du grand écart entre son discours, qui la traite comme une question existentielle, et son vécu psychique qui recouvre une variété de mal-être. Dans la continuité de Kierkegaard et de Heidegger, il en a fait la pierre de touche de la condition humaine et de son rapport à l'Être. Le personnage de Roquentin, dans *La Nausée*, y découvre sa propre contingence. Et dans *L'Être et le Néant*, Sartre lui consacre de nombreuses pages pour montrer notamment que l'angoisse est intimement liée à la liberté de la conscience, à l'épreuve de son néant et de son avenir indéterminé. Une telle insistance sur ce néant qu'il voit « iriser le monde, chatoyer sur les choses[1] », donne à penser que Sartre en connaît la présence et les effets. Lui, si soucieux de partir de l'expérience pour bâtir une réflexion philosophique, décrivant souvent son environnement proche, aussi bien sa table d'écriture que des personnes rencontrées au café, a dû vivre l'angoisse ou des angoisses particulières. Telle fut même la réputation que lui firent ses ennemis, après-guerre : un penseur du désenchantement, fossoyeur de la nature humaine et du bonheur de

1. Sartre, *L'Être et le Néant*, *op. cit.*, p. 60.

vivre. Même si elle relève du contresens, cette version de la philosophie sartrienne s'appuie sur l'importance qu'elle donne au malaise d'exister, expérience fondamentale d'où surgit la nécessité d'apporter un sens au monde. Pourtant Sartre déclara plusieurs fois à des proches qu'il n'avait jamais ressenti ni angoisse ni désespoir[1]. Coquetterie d'auteur qui affiche sa capacité exceptionnelle à contrefaire ce qu'il n'a pas vécu ? Arlette assure, au contraire, qu'il subissait souvent des moments dépressifs où se mêlaient angoisse et désespoir. Elle évoque, tout comme Beauvoir, des effondrements psychiques liés à plusieurs causes : des petites attaques cérébrales qu'on ne détectait pas à l'époque comme on le fait désormais ; des fatigues nerveuses après un excès de travail ; des crises de mélancolie récurrentes ; une hypersensibilité qui le terrasse. Il dit fréquemment à Arlette : « Je suis barré. »

Les biographies de grands hommes insistent généralement sur leurs ascensions glorieuses, sur leur carrière et leurs progrès, sans prêter attention à ces états « mineurs », qui ne laissent pas de traces écrites, sauf s'il s'agit d'une maladie psychique identifiée. Cependant des moments dépressifs sont repérables tout au long de la vie de Sartre : pendant son enfance lorsqu'il doit quitter Paris pour La Rochelle où son beau-père a été nommé directeur des constructions navales ;

1. Benny Lévy lui demande ainsi : « Tu m'as dit un jour "j'ai parlé de désespoir, mais c'est de la blague. J'en ai parlé parce qu'on en parlait, parce que c'était la mode […]". À quoi Sartre répond : "C'est exact, je n'ai jamais été désespéré pour ma part" » (in Benny Lévy et Jean-Paul Sartre, *L'Espoir maintenant. Les entretiens de 1980*. Verdier, 1991, p. 23). Arlette Elkaïm-Sartre rapporte aussi cette réflexion de Sartre : « Je n'ai jamais ressenti l'angoisse » (enregistrements privés).

pendant sa jeunesse, notamment lorsqu'il prend son premier poste de professeur au Havre et que la pesanteur de l'âge adulte lui tombe sur les épaules. Même au moment des grandes euphories politiques d'après-guerre, il cale parfois et se désespère de devoir abandonner ce qui lui tient à cœur, ses voyages et ses écrits sur l'Italie en particulier. *Dépression*, *angoisse*, *désespoir*, *mélancolie* sont des mots qui appartiennent au lexique existentialiste, mais que Sartre assume à contrecœur pour caractériser ce qu'il ressent. Beauvoir évoque ses réactions vives lorsqu'elle souhaite l'aider, tant il se rebiffe à l'idée qu'on s'apitoie sur lui. Il manifeste une extrême pudeur, paradoxale lorsqu'on sait qu'il revendique la transparence publique de ses sentiments. C'est donc en la mettant à distance qu'il aborde cette mélancolie qui le taraude parfois, en s'en moquant, la réduisant à un cliché romantique.

L'attirance de Sartre pour les états mélancoliques est patente. Avant d'accepter le titre de *La Nausée* que suggéra Gaston Gallimard, il avait intitulé son premier roman *Melancholia*, en référence au tableau de Dürer. Pendant sa captivité en Allemagne, alors qu'il s'observe et traque ses sentiments avec le soupçon de leur inauthenticité, marquée par la mauvaise foi, il note : « Je me suis mis à écrire sur ce carnet que j'étais mélancolique[1]. » Sartre reste très prudent sur le rôle des mots censés exprimer un état intérieur : il ne dit pas qu'il est mélancolique, mais qu'il a écrit qu'il l'était. Il se méfie d'une telle caractérisation, tout en notant qu'elle est arrivée sous sa plume. Quelque chose de l'ordre du malaise

1. Sartre, *Les Carnets de la drôle de guerre*, *op. cit.*, p. 574.

est bien là, et il s'en méfie. Plus tard, toujours interné dans le camp de prisonniers, il constate : « Un quart d'heure d'angoisse nerveuse à vide, cette angoisse que je prenais pour de la folie en 1935[1]. » Il ressent la chose, l'intègre dans le journal de ses autoanalyses, à froid, comme s'il était le médecin de ses propres symptômes, à l'écart. Son écriture clinique le dispense de tout épanchement coupable. Il est en train de lire Heidegger et reprend sa distinction entre la peur, dont l'objet est identifiable, et l'angoisse, intransitive, sans motif repérable. Il confine l'aveu de son état angoissé dans des considérations dénuées d'affect.

Toutefois la pente mélancolique, avec ses angoisses, ne peut s'oublier, d'autant qu'elle ranime un ancien penchant et qu'elle exerce une tentation, sensible dans les goûts littéraires et musicaux de Sartre. Sa fascination non reconnue pour le romantisme témoigne en effet d'une inclination mélancolique. Son goût jamais démenti pour la musique de Chopin en est la preuve manifeste, d'autant qu'il jouait passionnément le répertoire romantique au piano, avec une prédilection pour les pièces ténébreuses. Ses écrits de jeunesse signalent aussi l'intérêt pour des situations typiques du romantisme, telles que la contemplation de la lune[2], l'attrait de la tuberculose dans sa nouvelle intitulée « L'ange du morbide », ou encore la relation sentimentale entre Nietzsche, Richard et Cosima Wagner. À l'appui de ce Sartre romantique à son corps défendant, il faudrait ajouter sa dette dramaturgique,

1. *Ibid.*, p. 586.
2. Sartre, dans ses entretiens avec Beauvoir, évoque un texte perdu, « Sur la lune », et décrit l'importance de cet objet céleste dans sa vie (Beauvoir, *La Cérémonie des adieux*, *op. cit.*, p. 390).

tant ses personnages de théâtre sont inspirés par ceux d'Alfred de Musset et de Victor Hugo : Oreste dans *Les Mouches*, Hugo dans *Les Mains sales*, Gœtz dans *Le Diable et le Bon Dieu*, Franz dans *Les Séquestrés d'Altona*, et a fortiori Kean, l'acteur romantique du XIXe siècle, dans l'adaptation qu'en a proposée Sartre. Ils manifestent tous un lyrisme empreint d'espoir et de détresse.

Inscrite aussi dans le répertoire des symptômes dits romantiques, la maladie signale un état de désœuvrement et d'inadaptation au monde social. Ou du moins, faudrait-il dire, c'est moins la maladie qu'un certain rapport à l'état de malade qui souligne le décrochage de l'existence. Au-delà de ces références esthético-littéraires, les maladies de Sartre lui ont donné parfois l'occasion de compenser l'angoisse, en tout cas avec la suractivité qui visait à la surmonter. Ce pouvait être seulement une grippe ou une intoxication, mais elles obligeaient le stakhanoviste de l'écriture à s'arrêter : la fièvre, le mal de tête, les vertiges… toutes ces impérities du corps l'emportaient sur la volonté. Il avouait alors ne plus être capable de rien, obligé de rester au lit, hors d'atteinte des appels du monde. Cette vacance forcée, il devait s'y résoudre et, sans le reconnaître, il y trouvait un refuge. Un des apports théoriques et cliniques de Freud fut de montrer, dès les débuts de la psychanalyse, ce « choix » de la maladie. Manifestation hystérique d'une impossibilité de supporter plus longtemps une situation douloureuse, la maladie est à la fois une dérobade et un langage corporel. Une patiente paralysée dit à sa manière que ça ne peut plus marcher comme ça et le corps se met dans un état qui incarne son refus. Il fait grève et manifeste une signification par défaut. Sartre s'abrutit dans la maladie. Une telle attitude à la fois confirme ses thèses sur les conduites d'évasion et le montre dans un comportement qu'il nomme « mauvaise foi ». Dans *Esquisse d'une théorie des émotions*, il affirmait, en 1939, l'intentionnalité de la conscience même lorsqu'elle semble subir un effondrement. Ainsi l'évanouissement, expliquait-il, correspond à une intention de la conscience qui, faute de changer une réalité qui la menace, comme un lion surgissant, « choisit » de se supprimer elle-même. Une conduite de fuite, comme le malade qui fait le choix de l'impuissance, tel semble bien le rôle de la maladie, à cette réserve près qu'elle contredit la morale sartrienne de l'action, de la responsabilité, en préférant l'inefficacité, ce qu'il dénonce dans *L'Être et le Néant*, avec ses exemples de personnages, comme l'amoureuse et le garçon de café.

Et si la maladie était la seule manière pour Sartre d'accepter l'abandon ? L'hyperlucidité qui l'a toujours caractérisé, son autoanalyse permanente, si éloignée de toute complaisance à soi-même, l'empêche de s'adonner naïvement aux émotions. Même dans la sexualité, confie-t-il face à Beauvoir, il a besoin de rester extérieur à ce qu'il vit. Constante vigie, un œil sur les choses et les êtres, il ne se laisse jamais aller, tant la passivité lui fait horreur. Mais Beauvoir lui fait avouer l'inavouable : un possible goût pour l'en-soi, le visqueux, l'attraction de l'inerte, qui se déclare dans la maladie, comme si les raisons physiologiques le dédouanaient d'une tendance aussi coupable :

> S. DE B. – La maladie vous donnait un alibi, une justification.
>
> J.-P. S. – Oui. Une justification. Ça me donnait une rai-

son de ne plus être moi-même. Ça m'était venu du dehors et m'avait transformé en une viscosité contingente, qui me plaisait. [...]

S. DE B. – En somme la maladie était le seul cas où vous consentiez à une espèce d'abandon[1].

L'expression « ne plus être moi-même » peut sembler étonnante. Si Sartre ne travaille plus, n'écrit plus, ne pousse plus son cri politique, alors il n'est plus Sartre ? Dans sa réponse, il associe le fait de ne pas être soi avec le consentement à l'abandon, comme si être soi supposait de ne tenir que de soi, de décider en toute souveraineté qui on est. Sartre a nommé ce projet de la conscience *être en-soi-pour-soi*, écho de ce que la philosophie classique appelait l'*ens causa sui*. Un fantasme d'autoengendrement anime ce désir de n'exister et de n'avoir de sens que par une décision autonome, sans cause antérieure. À l'inverse, accepter de dépendre d'autre chose que de sa volonté, assumer les déterminations extérieures et le fait d'avoir ou d'être un corps que l'on n'a pas choisi, ce serait se perdre un peu soi-même. La maladie, à cet égard, rappelle à la conscience son existence physiologique, son appartenance au règne de la chair, de la matière organique, soumise à d'autres lois que celles de la raison. Et pourtant Sartre avoue que cette défaite de la conscience lui plaît. Sans doute parce qu'elle vient d'une nécessité impérieuse et qu'il ne peut se reprocher d'avoir failli moralement : on ne peut rien faire d'autre, face à la maladie, que d'accepter l'ordre de la nature et d'espérer en guérir sur le terrain de sa biologie. L'évasion dans la maladie et l'étrangeté à soi seraient donc

1. Beauvoir, *La Cérémonie des adieux*, *op. cit.*, p. 408.

un désir de fuir le devoir moral, le travail et l'écriture. Cependant ces dernières activités, compulsives, ne relevaient-elles pas, elles aussi, du souhait de se fuir et, parfois, de se rendre malade ? Sartre s'est en effet intoxiqué au point d'en subir de graves conséquences sur sa santé. D'une certaine manière, en se dévouant corps et âme à sa tâche morale, en ne s'accordant aucun répit sauf celui que lui donnait la maladie, il s'est tué à la tâche.

L'attirance de Sartre pour la folie, la psychiatrie et la psychanalyse donna aussi lieu à un jeu de cache-cache avec lui-même. Il s'est cru fou, pendant un moment, comme nous l'avons rappelé avec la prise de mescaline. Toutefois le motif de la folie est trop récurrent dans son existence et ses œuvres pour ne le lier qu'à cet effet du stupéfiant. La nouvelle que Sartre écrivit en 1937, « La Chambre », développe cette situation d'une folie ordinaire, au cœur de la vie sociale, et qui fascine son entourage : Ève refuse de faire interner son mari dont elle considère la démence comme une vie parallèle et anticonformiste. Aussi le rejoint-elle dans un huis clos morbide. Vingt et un ans plus tard, Sartre compose un grand rôle de fou avec Frantz, une sorte de schizophrène auquel il prête ses propres phobies et cauchemars. Dans *Les Séquestrés d'Altona*, ce soldat allemand, qui croit que la guerre dure toujours, finit par se suicider avec son père, dans un délire christique : il emporte avec lui les péchés de l'Allemagne et du siècle assassin. Par projection, Sartre se délecte à entrer dans la folie intérieure de ses personnages, décrivant leurs obsessions, offrant à leurs délires des beautés rhétoriques. Il sait mimer leurs enthousiasmes psychotiques, y reconnaissant des ambitions folles, des décrochages hors d'une réalité devenue simple objet de leur théâtre intime. Dans *Les Mots*, il décrypte sa propre névrose infantile, sa confusion entre les mots et les choses, et il en diagnostique la folie douce : « j'avais la berlue », écrit-il pour rassurer ses lecteurs et lui-même en exposant sa rémission : « Depuis à peu près dix ans je suis un homme qui s'éveille, guéri d'une longue, amère et douce folie[1]. »

Ce dégrisement ne l'empêche toutefois pas de goûter à des folies plutôt légères qu'il n'associe pas forcément à des personnes, mais plutôt à des climats, des paysages, surtout ceux de l'Italie. Dans les fragments de *La Reine Albemarle ou le dernier touriste*, le mot de *fou* désigne tout aussi bien les pigeons que les canaux de Venise ou la chaleur de l'été. Il intitule même un de ses chapitres « L'eau, pensée folle[2] » et décline ce thème en décrivant sa fascination : « Ce cauchemar d'autisme clapote à mes pieds, fine, fine folie : l'eau est folle[3]. » Sartre mire sa tentation pour la folie dans ce flottement perpétuel par lequel vacillent les palais vénitiens et son jugement d'homme cultivé. Il y a ressenti la tentation du suicide, lors d'un premier voyage, et il continue, à la fin des années 1950, d'y éprouver une attirance pour l'engloutissement, car s'y reflète la fragilité de toute présence, même celle des statues et monuments. Les édifices de l'art sont menacés par l'effondrement, comme tous les projets du grand écrivain, aspirés soudain par la noyade. Tout va s'effacer : « Comme je vais me sentir superflu, moi, écrit Sartre, seul présent au

1. Sartre, *Les Mots*, *op. cit*, p. 138.
2. Sartre, *La Reine Albemarle ou le dernier touriste*, *op. cit.*, p. 109.
3. *Ibid.*, p. 112.

milieu de l'universelle désuétude avec un gros risque d'éclater comme ces poissons des abîmes qu'on tire à la surface, car nous sommes habitués à vivre sous une pression infinie et ces raréfactions ne nous valent rien[1]. » Dans cette étonnante comparaison où, pour une fois, Sartre se sent proche des animaux marins, le rapport de l'eau et de l'air s'est renversé. L'engloutissement était une manière de disparaître, mais l'homme du devoir sait vivre sous la pression des éléments, il ne vit d'ailleurs qu'ainsi, pressuré. En revanche, si on le ramène à la surface et que tout y a perdu sens et consistance, il risque l'éclatement. Qu'il soit plongé dans l'eau ou ramené des profondeurs, noyé ou flottant, Sartre connaît l'angoisse et la tentation du naufrage.

Expert de ses propres délires, il ne veut pas en être dupe et la rédaction des *Mots* relève d'une autoanalyse grâce à laquelle Sartre range ses névroses dans la grande narration explicative de son existence. Il connaît le dossier, il a réglé les problèmes, il peut passer à autre chose. Les psychanalystes connaissent bien ces ruses de l'auto-interprétation qui permettent de refouler au plus loin les nœuds psychiques. Il est frappant de constater comme Sartre se défend face à la psychanalyse. Il aurait pu en effet lui marquer son désaccord théorique puis l'ignorer, mais il y revient sans cesse, la critiquant et lui substituant une méthode d'analyse encore plus puissante et totalisante. L'épisode avec Huston que nous avons mentionné ne peut que surprendre : comment un philosophe qui ne croit ni à l'inconscient ni au complexe d'Œdipe peut-il se lancer dans l'écriture d'un scénario sur la vie de

1. *Ibid.*, p. 198.

Freud, et lui consacrer des centaines de pages ? Qui plus est, pour ne pas y arriver, ce qui sonne très freudien ! Le conflit est ancien, puisque déjà en 1939 Sartre écrivait une nouvelle, « L'enfance d'un chef », dans laquelle il se moquait d'un jeune homme qui suit bêtement les modes intellectuelles, le surréalisme, le freudisme, pour aller vers le fascisme. Tout en dénonçant ces théories, et visant particulièrement Breton au passage, il proposait du jeune homme une analyse de cas proche de celles qu'écrivait Freud. Plus tard, en 1969, Sartre reprit le style du cas psychanalytique dans un but ouvertement parodique, ce qui provoqua une crise au comité de sa revue *Les Temps modernes*. Sous le titre de « L'homme au magnétophone », il fit paraître une pseudo-transcription d'une séance psychanalytique au cours de laquelle l'analyste se montre autoritaire et violent à l'égard de son patient. Par ce texte, Sartre entendait dénoncer, dans la continuité de mai 68, la relation inégalitaire et violente qui pouvait s'exercer dans la pratique psychanalytique. Cette publication provoqua le départ d'un membre du comité de rédaction, son ami psychanalyste et ancien élève J.-B. Pontalis, avec lequel il avait envisagé précisément de faire une analyse, mais dans un but strictement intellectuel, sans doute peu décidé à s'abandonner sur un divan.

Cette interminable explication avec la psychanalyse prit la forme d'une rivalité philosophique et, dès *L'Être et le Néant*, Sartre voulut substituer à la théorie et à la pratique freudiennes une « psychanalyse existentielle ». Au lieu d'une approche qu'il juge mécaniste, empirique et déterministe, cette démarche met en valeur le projet originel qui se trouve au fondement de toute psyché individuelle. Théoriquement, elle permet de ramener la liberté et le choix au cœur de la personnalité psychique. Même les désirs, au lieu de suivre des structures libidinales, relèvent de différentes relations au monde, affirme Sartre qui refuse la primauté du sexuel. Ce n'est pas tel ou tel complexe qui explique la sexualité d'une personne et ses comportements sociaux, mais un choix d'être, pour donner un sens à une existence qui en est dépourvue au départ. Dès lors, il s'agit pour l'analyste sartrien, celui qui pratique la psychanalyse existentielle, de retrouver ce choix fondamental et de le parcourir jusqu'à ses manifestations dans la vie présente. Faute de pratiquer une telle psychanalyse sur des patients, Sartre en proposa de magistrales réalisations à travers l'étude d'écrivains tels que Baudelaire, Genet et Flaubert. Il leur consacra d'amples analyses qui sont autant de descriptions concrètes de vies que la démonstration de sa théorie. Sartre y poursuit son ambition de totaliser toutes les disciplines afin de comprendre un homme : histoire, sociologie, linguistique, psychologie sont mises au service de cette « psychanalyse existentielle ».

Cette proximité belliqueuse de Sartre avec Freud se manifeste aussi dans son soutien à l'antipsychiatrie. Dans les années 1960 et 1970, un courant hostile aux pratiques répressives de la psychiatrie traditionnelle s'est développé, révélé au grand public à travers des films tels que *Family Life* de Ken Loach ou *Vol au-dessus d'un nid de coucou* de Miloš Forman. Ses inspirateurs étaient italiens et britanniques, communément engagés dans le refus de l'enfermement asilaire et des camisoles chimiques. Deux d'entre eux, Ronald Laing et David Cooper, se sont référés explicitement aux thèses de Sartre, non seulement celles de *L'Être et le Néant*, mais aussi celles de *Critique de la raison dialectique*, inspirées par le marxisme. La dimension sociale de l'aliénation mentale leur semblait essentielle, au point de considérer la folie non plus comme une maladie organique et individuelle mais comme le produit d'une violence familiale et idéologique. Ces psychiatres se référèrent ainsi explicitement à la psychanalyse sartrienne et à sa méthode de compréhension de l'individu dans l'Histoire. Le dialogue de celui qui refusait la thèse de l'inconscient avec la psychanalyse et la psychiatrie ne cessa donc jamais, réinvesti par ses engagements politiques et antiautoritaires des années 1960. Sartre s'est constamment mis du côté de la folie, qu'elle soit douce ou sévère, mélancolique ou psychotique. Il a été tenté de l'expérimenter, de l'analyser, tout en se méfiant des postures de mauvaise foi. Sa vigie morale le prévenait de toute complaisance à l'égard de lui-même et d'un lâcher-prise.

Rêves

Une zone d'abandon ne pouvait cependant qu'échapper à Sartre : ses rêves. Une fois de plus, Sartre se trouva confronté à la psychanalyse et à la fameuse interprétation des rêves. De nouveau il résista aux énigmes de l'inconscient et aux vérités associatives. Précisément, une bonne compréhension doit se méfier de l'analogie, selon le philosophe, qui ne croit pas à la logique des images oniriques. Dans un rêve, ces images renvoient les unes aux autres, se déplacent par métaphore, métonymie, construisent des récits comme si elles venaient d'une zone inconsciente où se tiendrait la vérité du sens. Sartre ne peut admettre que cette production imaginaire échappe à la conscience, même si elle ne les contrôle pas. Dans *L'Imaginaire*, il renvoie les rêves à la croyance, et dans *L'Être et le Néant* à la mauvaise foi. Hostile à Bachelard et à ses essais sur la psychanalyse des éléments matériels, tels que *L'Eau et les Rêves*, il refuse toute autonomie à l'imaginaire. Si tel ou tel écrivain développe un monde onirique fondé sur le feu, l'eau, la terre ou l'air, cela ne tient pas, selon Sartre, à l'un de ces éléments ni à des réseaux analogiques, mais à l'intention de la conscience qui choisit d'investir ces matières. Méfiant à l'égard de cette tentation, voire de cette fascination pour l'onirisme, il y décèle une pathologie, propre à intéresser autant les poètes que les psychotiques. Comment explique-t-il le rêve alors, et comment maintient-il le statut de la conscience dans cette activité qui semble échapper à sa maîtrise ? Selon Sartre, la conscience, lorsqu'elle rêve, produit ses images mais s'en rend captive. Elle les choisit ou elle les crée, car elle demeure libre dans son intention, cependant elle abdique son autonomie à l'égard de ces images oniriques. À la différence d'une image intentionnellement produite et dont la conscience sait qu'elle est bien une image et non une réalité, le rêve se substitue totalement à la réalité parce que la conscience choisit d'y croire.

Lorsque Beauvoir l'interroge sur ses rêves, Sartre prétend ne jamais en faire, ou ne pas s'en souvenir. « Je crois, en effet, que, dans toute votre vie, vous ne m'en avez jamais raconté un[1]. » Il évoque tout au plus des cauchemars pendant son enfance. C'est presque avec fierté qu'il déclare « je ne rêve jamais ». Pourtant Sartre note certains

1. Beauvoir, *La Cérémonie des adieux*, *op. cit.*, p. 419.

rêves, ou du moins il les confie à Arlette qui les a recueillis dans un petit carnet[1]. Parmi eux, plusieurs ont trait à des fantasmes de gloire et d'éternité, correspondant à l'ambition d'un grand écrivain. Ainsi d'un rêve de la nuit du 21 décembre 1960 :

> J'étais dans un banquet appartenant à une université. J'avais parlé le matin ou la veille. Mon voisin (recteur ou doyen) m'a dit en confidence : « On a voté des crédits pour élever votre statue dans le jardin (je le savais) mais ça n'aura jamais lieu d'abord parce que nous n'avons pas d'argent, et puis pour une autre raison… » Je sais, dis-je, dans quelques années je serai oublié, ou bien trop connu et alors ce ne sera pas la peine (par politesse. Effort de raisonnement). « Ce n'est pas ça, mais… » Je me suis réveillé ou bien autre chose mais ça a disparu.

Il serait abusif de proposer une interprétation des rêves de Sartre et les psychanalystes savent que seul le rêveur lui-même peut le faire, notamment grâce aux associations qui lui permettent d'éclairer les transferts de personnages et la signification des récits. Au moins peut-on y repérer des obsessions ou des scénarios. Le motif de la culpabilité apparaît nettement dans ce rêve où l'annulation de l'hommage au grand écrivain vient d'une raison indicible qu'il connaît. Le réveil intervient au moment où l'explication est sur le point d'être révélée, comme si la faute ou l'imposture ne pouvait être avouée.

1. Annie Cohen-Solal et Philippe Lejeune ont déjà rapporté certains de ces rêves, issus du carnet qu'Arlette Elkaïm-Sartre leur a montré. Cf. Philippe Lejeune, « Sartre et quelques autres sur son autobiographie. Paratexte, documents et témoignages », in Michel Contat, *Pourquoi et comment Sartre a écrit « Les Mots »*, PUF, 1996.

Un autre rêve particulièrement intéressant, du 12 janvier 1961, concerne la répétition : « Un musicien noir que j'écoutais, célèbre, répétait la même mesure 162 ou 152 fois. On me dit : il faut qu'il tienne son public pour pouvoir faire ça. J'étais contre (je n'étais pas pour faire tant de fois la même mesure). » Sans que la signification des nombres soit évidente, l'allusion au goût de Sartre pour le jazz en *live* non seulement rappelle sa fréquentation des jazzmen africains-américains, mais renvoie aussi à la fin de *La Nausée*. Son personnage principal y écoutait en boucle *Some of These Days* et, dans la répétition de cette chanson, croyait entendre une voix qui échappait à l'existence ordinaire. Sartre connaissait la compulsion d'écoute, bien qu'il mît en valeur une temporalité non répétitive, orientée par le dépassement et la transformation du passé. Une tension se manifeste ici entre un plaisir de répéter, comme il le vivait dans la reprise continuelle des mêmes morceaux qu'il jouait au piano, et une morale du projet et du renouvellement. Arlette, qui commente ces rêves dans son carnet après les avoir notés, se demande si ce rêve entre en rapport avec la discussion qu'elle a eue avec Sartre à propos du dernier film d'Antonioni, *L'Avventura*. Elle a en effet écrit une analyse qui doit paraître dans *Les Temps modernes* le mois suivant, où elle décrit l'absence d'évolution des personnages, leurs émotions échappant à la logique de l'action. La répétition d'une même mesure semble correspondre à cette durée étale, cet abandon de l'instant, hors du cours de l'Histoire.

Parmi les autres rêves qui témoignent du motif de l'enlisement, de l'arrêt et de la passivité, certains sont liés à la maladie et à l'incapacité de voir ou d'agir. Le 10 février au matin, Sartre rapporte cette séquence :

> Je devais rejoindre Arlette dans une espèce d'hôpital pour acteurs mutilés (par la guerre par ex.), où elle était infirmière bénévole. C'était Delattre qui l'avait envoyée là ; tout ceci se passait à la campagne où elle avait une activité révolutionnaire en faveur des paysans. J'étais au coin de la rue Jacob et de la rue Bonaparte. Je devais prendre la rue de l'Université qui me mènerait à cet endroit, mais j'avais oublié quelque chose, des gants peut-être, chez moi, et je dus reprendre la rue Bonaparte et me diriger vers la maison. Tout à coup il s'est mis à pleuvoir à verse. Tonnerre, tempête. Je ne sentais pas la pluie mais tout ça se traduisait par une nuit totale. On ne voyait rien. Derrière moi marchait un ouvrier, dont je me méfiai, qui me dit : « On n'y voit rien. Quel orage ! » Je répondais quelque chose comme « oui alors ! ». Bien que sachant que moi je pouvais voir au moins le porche de ma maison. Puis je me suis réveillé.

L'hôpital, la mutilation, la guerre... indiquent une infirmité dont Sartre est témoin, mais dont il pourrait bien être victime, d'autant qu'Arlette joue, dans ce rêve, un rôle d'infirmière. Annie Cohen-Solal voit dans cette scène de nuit une prémonition de la cécité de Sartre[1]. Comme tout rêve le montre, de nombreux motifs peuvent être transformés en signes et former des rébus : pourquoi des paysans, que symbolisent les gants, que signifie la méfiance à l'égard d'un ouvrier, que suggère la tempête ? Sartre se sent-il empêché de rejoindre l'action révolutionnaire ? Nous laisserons aux lecteurs le plaisir de l'inter-

1. Annie Cohen-Solal, *Sartre*, *op. cit.*, p. 622.

prétation, et nous nous contenterons d'observer que l'activité onirique de Sartre n'était pas réduite à néant, comme il le proclamait, et même qu'il en était curieux. Arlette la consignait, alors qu'elle faisait elle-même partie de certains scénarios, comme dans ce rêve éveillé, proche du délire, lorsque Sartre, peu avant sa mort, lui dit : « Toi aussi tu es morte, petite. Comment ça t'a fait d'être incinérée ? Enfin, nous voilà tous les deux morts, maintenant. » Beauvoir y décela une association entre le sentiment de mourir et la Shoah[1].

À suivre ces différents récits, nous comprenons que le conflit de Sartre avec Freud et l'interprétation des rêves est moins caricatural qu'une opposition entre un philosophe rationaliste et un médecin qui croit à l'imagination. Certes il rejette les récits de rêves tels que les études psychanalytiques les mettent en scène ; il n'aime pas ces histoires à énigmes dans lesquelles les désirs se transforment en rébus. En revanche, il est intrigué par ses propres rêves et, s'il n'en a pas tenu lui-même le répertoire, à la manière de Benjamin ou d'Adorno, il accorde du crédit à cette activité inconsciente. Le rêve lui semble moins une histoire illustrée qu'une mare d'images dans laquelle le rêveur se noie. Lorsqu'il s'intéresse aux rêveurs, Sartre enquête en effet sur leur tendance à fuir la réalité et à choisir les songes comme des substances toxiques qui corrodent le monde et le nimbent d'irréalité. C'est donc « l'acte » de rêver plus que le sens des rêves qui retient son attention.

Sensible à l'épanchement du songe dans la vie réelle, tel que le formulait Nerval dans *Aurélia*, Sartre est aussi fasciné

1. Beauvoir, *La Cérémonie des adieux*, *op. cit.*, p. 153.

par le bovarysme, même s'il s'en défend et prétend régler ses comptes avec Flaubert dont il fréquente les livres depuis son enfance. Il connaissait des passages entiers de *Madame Bovary* par cœur et l'identification au personnage d'Emma ne fait pas de doute. La confusion des mots et des choses, le refus de la réalité et l'expérience déçue de la vie à l'épreuve des songes ont résonné profondément avec ses fantasmagories. Madame Bovary, ce fut aussi lui. Contre ces chimères, Sartre décrypte l'imposture, montre les illusions, se moque des supercheries du moi. Comme à son habitude, il se défend de tout ce qu'il éprouve, analyste impitoyable de ses propres faiblesses. La rêverie, les rêves, les hallucinations… Sartre les goûte en secret, s'imaginant fou, se projetant parmi les psychoses des autres. Ainsi des personnages de Genet qui font imploser le réel dans les images et que le commentateur prolonge, au point de s'y refléter : Sartre observe les « bonnes », version sublimée des sœurs Papin, les célèbres criminelles, et il approfondit la puissance subversive de leurs rêves. Avec une magnifique empathie, il se glisse dans la pièce de Genet et montre à la fois l'intention meurtrière et la plongée en abyme qui animent les rêveuses, toujours prêtes à dédoubler le réel par des fantasmes sacrificiels. Elles jouent leur fonction sociale, prenant le rôle de leur maîtresse et inventant des scénarios où elles la tuent, mais elles sont piégées par leur reflet, vivant finalement dans l'imaginaire sans passer à l'acte dans la réalité. « La seule rébellion de ces créatures plates c'est qu'elles rêvent à leur tour : elles rêvent dans un rêve ; ces habitantes d'un songe, pur reflet d'une conscience assoupie, emploient le peu de réalité que cette conscience leur a donnée à s'imaginer qu'elles deviennent le Maître qui les imagine. Elles s'agitent à l'intersection de deux cauchemars et forment la “garde crépusculaire” des familles bourgeoises ; inquiétantes seulement en ceci qu'elles sont des rêves qui rêvent d'engloutir leur rêveur[1]. » Cette dernière image du rêve dans lequel s'abîme le rêveur n'est-elle pas la tentation suprême contre laquelle Sartre a continuellement lutté ?

La littérature a pu jouer ce rôle, pour Sartre, répondant à son attirance pour l'imaginaire, à travers ses lectures puis grâce à son écriture. Certes, son manifeste, *Qu'est-ce que la littérature ?*, contredit radicalement une telle hypothèse : l'écrivain engagé doit se méfier des vertiges de la fiction et des prestiges de la forme. Mais précisément, une telle affirmation ne vient-elle pas construire une digue à l'encontre d'un courant que Sartre a du mal à contenir ? Le réalisme qu'il défend, cette volonté un peu simpliste d'« appeler un chat un chat[2] », est contredit par ses pratiques et ses goûts. Qu'il s'agisse de ses passions pour des écrivains tels que Flaubert et Genet, pour des peintres tels que Masson, Wols et Rebeyrolle, ou de ses écritures laissant libre cours aux fantasmes, dans ses romans surtout, et dans ses journaux de voyage, Sartre se livre à des imaginaires qui ne cessent de déformer, trouer, diluer la réalité. Son monde est foncièrement métastable et il lui faut le corset de la raison ou du réalisme pour en contenir l'hémorragie.

Le piège de l'imaginaire – Sartre le connaît bien – se tient dans l'usage de la métaphore. Elle donne en effet libre cours

1. Sartre, *Saint Genet. Comédien et martyr*, Gallimard, 1969, p. 682.
2. « La fonction d'un écrivain est d'appeler un chat un chat. Si les mots sont malades, c'est à nous de les guérir. Au lieu de cela, beaucoup vivent de cette maladie. La littérature moderne, en beaucoup de cas, est un cancer des mots » (Sartre, *Qu'est-ce que la littérature ?*, in *Situations III*, Gallimard, 2013, p. 240).

aux analogies incontrôlables, aux associations irrationnelles et à la transformation d'une réalité qui passe dans une autre. Lorsqu'on écrit, il est impossible d'échapper à la métaphore, même lorsqu'on n'utilise pas expressément cette figure de style, car elle se loge dans le moindre déplacement de sens, dès qu'on essaie de dire une chose au moyen d'un autre mot ou d'une autre phrase. Face à ce danger d'une déroute du sens, son usage doit être réglementé, surtout en philosophie. Bien métaphoriser, c'est bien voir le semblable, observait déjà Aristote : associer l'image d'un lion au concept de force permet à un poète d'accéder au sens du réel par les moyens de la métaphore. Sartre définit à sa manière un bon usage de telles images. Ainsi en va-t-il du « schème », dans *L'Être et le Néant* : symbolique ou ontologique, le schème est une structure qui correspond à l'être du monde et à ses significations[1]. Lorsque Sartre qualifie de visqueuse une poignée de main, il ne cède pas à la métaphore – du moins le prétend-il –, considérant que le visqueux est en lui-même une structure de l'être, et donc une manière pour la conscience de vivre un certain rapport au monde visqueux. Il n'ajoute rien, il ne plaque pas une image de viscosité sur la main puisque c'est la main qui se donne comme visqueuse, attirant l'autre dans une relation d'engluement. En revanche si l'on dit qu'une main est un crabe, un poisson ou un gros ver blanc, comme la dépeint Sartre dans *La Nausée*, alors la littérature prend le pas et fait glisser les réalités les unes dans les autres. Le monde n'est plus rangé dans ses nominations et ses catégories, les choses subissent le flux déroutant de l'imaginaire. Alors que la philosophie tente d'attraper le réel et de montrer les structures

1. Sartre, *L'Être et le Néant*, *op. cit.*, p. 703.

de l'être, la littérature le déréalise et magnifie la puissance de la métaphore.

D'ici à dire que pour Sartre la création littéraire est un rêve éveillé, comme le suggérait Freud, il n'y a qu'un pas. Cependant cette dimension onirique ne signifie pas que la littérature, telle que la pratique Sartre, joue le rôle d'une sublimation des désirs inconscients. D'un point de vue psychanalytique, certes, elle remplit cette fonction, mais elle suppose surtout un rapport fuyant de l'écrivain au réel. Ce qui fascine Sartre et qu'il redoute en même temps tient dans cette évasion radicale hors de la réalité, qui prend la forme d'un évanouissement dans sa version la plus passive, et qui devient une euphorie productive lorsqu'elle invente des scénarios et des images. Bien loin de la littérature dite engagée, l'écriture de Sartre, lorsqu'elle œuvre à une jouissance et non à une visée démonstrative, emporte l'auteur et le lecteur vers le monde des fantasmagories. Les visions métamorphiques, longuement décrites dans les nouvelles et les romans de Sartre, filant les métaphores avec une évidente délectation, témoignent de ce goût pour l'imaginaire. Et si le surréalisme, avec ses images explosantes-fixes et ses cadavres exquis, ne lui convenait pas, c'est parce qu'il traitait l'imagination comme un jeu dédié à l'arbitraire des rapprochements. Aux collages, Sartre préfère la greffe, celle qui s'agrippe à une réalité, s'en nourrit pour la transformer au point de créer de nouveaux êtres.

Cette fascination pour les délires de l'imagination ne fut pas réservée aux expériences littéraires et elle continua d'intriguer, voire d'obséder Sartre dans toute son œuvre philosophique : depuis son diplôme d'études supérieures, consacré, en 1927, à « L'image dans la vie psychologique : rôle et nature », jusqu'à *L'Idiot de la famille* en 1972, il est revenu sur la relation de l'imagination au réel. Pendant ses études, il explore les hallucinations des mystiques chrétiens du Moyen Âge et de la Renaissance, il lit les ouvrages de psychologie contemporaine, puis il découvre la phénoménologie de Husserl qui lui permet de construire sa propre philosophie de l'imagination. C'est alors avec *L'Imagination*, en 1936, puis *L'Imaginaire*, en 1940, qu'il développe son idée de l'image comme un acte de la conscience, manifestant sa liberté par la néantisation du réel. Imaginer, c'est échapper au réel en lui substituant des images, c'est choisir de l'irréaliser et de vivre sur le mode de l'irréel. Loin d'en avoir fini avec cette question, Sartre la reprend dans *L'Être et le Néant*, en 1943, à travers la psychanalyse existentielle. Et surtout, il étudie le choix de l'imaginaire chez des écrivains tels que Baudelaire, en 1947, Genet, en 1952, puis Flaubert qui l'occupe à partir de 1954 pour une vingtaine d'années.

Tant d'énergie et de temps dépensés à comprendre et à désenchanter la puissance de l'imagination conduisent à interroger l'investissement psychique de Sartre dans ce sujet théorique. Nous ne pouvons en rester au récit canonique sur sa vocation philosophique, avec son anecdote fameuse, racontée par Beauvoir, sur un cocktail à l'abricot[1]. Raymond Aron, revenant de l'Institut Français de Berlin, lui parle de Husserl et lui montre que la phénoménologie répond parfaitement au souhait d'une philosophie qui va vers le concret, même le plus ordinaire comme ce cocktail. Là commencent officiel-

1. Beauvoir, *La Force de l'âge*, *op. cit.*, p. 476.

lement la réflexion de Sartre et ses débats théoriques sur la conscience du réel et ses différentes positions à l'égard du réel. Mais au lieu de rester collés aux textes, au sens et à l'hagiographie, nous pouvons enquêter sur les motivations d'un penseur à choisir tel sujet, à se donner corps et âme dans un problème. Les commentateurs foncent tête baissée, sans recul sur l'objet qui leur est présenté puisque c'est un texte de philosophie. Dès lors ils interrogent rarement le style d'écriture, le contexte culturel ou la vrille psychique autour d'un sujet. Par ignorance volontaire de la fabrique des idées, ils passent à côté de l'archéologie des pensées. Si nous n'en restons pas à l'exégèse philosophique, nous devons questionner cet effort permanent de Sartre pour rationaliser et contenir ce qui relève de l'image, de l'imagination, de l'imaginaire et de « l'imaginarisation », terme qu'invente Sartre dans *L'Idiot de la famille*.

Pourquoi tant d'entêtement à *cerner*, c'est-à-dire contenir ces phénomènes imaginaires ? La tentation et la crainte d'un usage immodéré de l'imagination, d'un saut dans l'irréalité, voire dans la folie, conduisent Sartre à autoanalyser son penchant et à formuler un appareil théorique qui lui fournisse une lucidité maximale sur ce qu'il vit, comme si le discours philosophique fonctionnait à titre d'antidote. Revenons un instant sur l'épisode de la mescaline : Sartre veut halluciner et s'analyser en train d'halluciner. Il est à la fois le docteur Jekyll et Mister Hyde. Mais la synchronie échoue, évidemment, et les résultats de l'expérience ne peuvent être étudiés qu'après le moment de délire. L'analyse vient alors unifier le chaos des fantasmagories. Sartre élabore une théorie de l'imagination très originale, renversant la passivité en activité de la conscience imageante. Cependant sa thèse fonctionne au prix d'une réduction et d'une simplification des images. Il prétend que toutes les productions imaginaires sont les produits d'une conscience libre, et il confond tous les types d'images : mentales, plastiques et stylistiques. Ainsi les rêves sont rangés dans la même catégorie ontologique que les tableaux, les films et les métaphores. Sartre *unifie* et *canalise* le foisonnement anarchique des images, car il veut faire rendre raison à l'imagination et fermer cette boîte de Pandore qu'il a ouverte pendant son jeune âge. L'entreprise n'a pas de fin car les images ne cessent de resurgir, même dans les concepts, au détour d'une comparaison ou d'une tournure de phrase.

Dans ses loisirs et ses productions, Sartre n'a cessé de fréquenter l'hydre de l'imagination. Enfant, et en cachette de son austère grand-père Schweitzer, il lit des romans chevaleresques et il va au cinéma en compagnie de sa mère. Ses voyages sont toujours prétexte à voir combien les paysages sont métastables et prompts à se transformer, comme des tableaux du Tintoret qui fourgue ses noirceurs dans la splendeur vénitienne. Le théâtre et les scénarios de films lui fournissent autant d'occasions de satisfaire son goût de la fiction, de se transporter en Grèce antique, dans l'Europe de la Renaissance et ses hérétiques, dans l'Orient colonial menacé par le typhus… Cette veine imaginaire ne s'est jamais tarie et mêlait le plaisir de l'invention et le désir de sortir de soi. Sartre se transportait dans ses histoires, y important des souvenirs personnels et s'y exportant pour vivre des aventures aussi exaltantes que celles qu'il lisait, tout jeune, dans les romans de Michel Zévaco. Le mot de *projet* détient une importance majeure dans la philosophie de Sartre, tant il caractérise la liberté de la conscience pour-soi qui se jette dans l'action à venir. Mais il répond aussi à un mouvement d'évasion, de départ hors de soi, qui satisfait le bovarysme impénitent de celui qui veut s'oublier, se quitter, au risque de perdre le sens du réel. Sartre signale ce danger avec la notion, tardive dans sa pensée, d'« imaginarisation », une perversion de l'imagination dont Flaubert est le responsable et la victime. Imaginer implique d'irréaliser un objet en le transformant en image, « imaginariser » engage la conscience à s'irréaliser elle-même et à vivre sur le mode des images[1].

Cette tendance à contaminer le monde et soi-même par l'imaginaire va jusqu'à affecter le langage et la langue. Lecteur non déclaré de Lacan, Sartre décrit ainsi le jeu du signifiant qui modifie l'image du signifié et même sa perception. Un mot peut en effet susciter des résonances par sa graphie ou sa sonorité et déclencher des images qui transforment la manière de voir la réalité à laquelle il renvoie. « Le château d'Amboise, explique Sartre, se trouve lié pour moi – et pour un très grand nombre de personnes – à framboise, à boisé, boiserie, à Ambroisie, à Ambroise[2]. » Dès lors il peut voir dans le château une forme de fruit, sans qu'il ait expressément décidé de faire une métaphore. Pareillement, les visages que l'on rencontre la première fois, confie-t-il, sont appréhendés obscurément par le nom des personnes. Les associations

1. « Constamment averti de l'irréalité de son rêve, il [Gustave] met l'avertissement entre parenthèses » (Sartre, *L'Idiot de la famille*, I, Gallimard, 1971, p. 912).

2. *Ibid.*, p. 932. Dans *Qu'est-ce que la littérature ?*, Sartre observait ces glissements à propos de la ville de Florence, à la fois femme et fleur par son nom, mais il les limitait au langage poétique.

imaginaires, involontaires, brouillent la perception. Cet aveu déroge aux définitions tranchées de *L'Imaginaire* et témoigne, sur le dos de Flaubert, de l'attirance exercée par l'imagination et son insidieuse autonomie. Sournois, l'imaginaire envahit les mots et même la perception, offrant un univers de substitution au rêveur qui s'y adonne et découvre un havre à la fois salvateur et schizophrène. En décrivant aussi précisément Gustave, comme s'il était dans sa conscience, Sartre parle de lui-même et de son inclination à la rêverie, ce qui nous conduit à interroger son écriture biographique et sa méthode empathique. En se projetant dans les vies de Baudelaire, Mallarmé, Genet, le Tintoret, Freud et Flaubert, que cherchait-il ? Que suppléait-il ? Qui fuyait-il ?

DANS LA PEAU DES AUTRES

« J'ai la passion de comprendre les hommes[1] », déclara Sartre pour expliquer ses entreprises biographiques. Depuis son *Baudelaire*, écrit en 1944, jusqu'aux milliers de pages de *L'Idiot de la famille*, il a suivi le programme, annoncé à la fin de *L'Être et le Néant*, d'une psychanalyse existentielle réalisée à partir des vies d'écrivains. Ce projet d'une connaissance qui passe par la synthèse de savoirs tels que la psychiatrie, l'histoire, la sociologie, la linguistique et la poétique a la beauté des grandes ambitions scientifiques. Sartre en a défini la méthodologie dans *Questions de méthode*, il en a décrit les étapes au cours d'entretiens, et il l'a située au regard des théories concurrentes, celles de l'orthodoxie marxiste ou du courant structuraliste. Ces débats sont connus et ont marqué les années 1970. Toutefois, dans la phrase de Sartre, un mot doit être davantage interrogé : la *passion*. À ne commenter que les résultats ou les partis pris intellectuels, on oublie de questionner ce qui motive de tels défis à la fois savants et personnels. « Comprendre » ne signifie d'ailleurs pas la même chose que « connaître », même si le but reste d'établir une

1. Sartre, *Saint Genet. Comédien et martyr*, *op. cit.*, p. 158.

connaissance des individus et de l'Histoire. La compréhension implique la participation du sujet qui cherche à comprendre et qui met sa propre vie au service de cette aspiration. Sartre éprouve un enthousiasme à comprendre, c'est-à-dire à prendre une vie d'écrivain et à y mêler son existence à lui, avec ses souvenirs, ses expériences, ses affections. Le mot de *passion* dit à la fois l'intensité de son élan vers les autres et la passivité de ce qu'il ressent. Il se mêle en effet, dans son écriture, destinée à fonder une nouvelle connaissance des hommes, un désir complexe, fait d'une volonté de posséder autant que d'un rêve d'évasion.

Mon semblable, mon frère

Pourquoi Sartre a-t-il choisi Baudelaire, Mallarmé, Genet et Flaubert pour constituer des cas, lui permettant de construire la psychanalyse dite existentielle ? Il prétend les traiter comme des individus à partir desquels il dégage un universel singulier. Chaque homme est fait par l'Histoire et l'Histoire est faite par tous les hommes qui la singularisent, soit. N'importe qui ferait l'affaire, alors pourquoi ceux-là qui ne se réduisent pas à des cobayes de laboratoire philosophique ? La manière de les aborder, de les déshabiller puis de les envahir dit quelque chose du choix et du traitement, au-delà de la méthodologie. Au départ se trouve une forme de sympathie ou d'antipathie pour un auteur, une « pathie » en tout cas – un sentiment, une affection, un pathos. Baudelaire et Flaubert lui sont antipathiques, le Tintoret et Genet sympathiques. En fait, Sartre en use avec les biographies comme il a pratiqué les grandes références philosophiques ou littéraires : il s'y jette avec la passion de comprendre, il les accapare, les dévore, les digère puis les élimine. En un mot, il les épuise. Ainsi a-t-il lu Husserl et Heidegger, reprenant leurs concepts, les transformant au point de faire hurler leurs disciples, puis lâchant la phénoménologie pour le marxisme. Ainsi a-t-il lu Céline puis Dos Passos, passionné par leurs styles respectifs, puis fatigué par la forme romanesque. Ainsi a-t-il expérimenté la tragédie moderne à la manière de Giraudoux, pour revenir au théâtre hugolien. Sartre traverse les œuvres, les pensées, les styles, les genres, et les abandonne après s'y être activement installé.

On l'accuserait facilement de vampirisme ou de cannibalisme, mais c'est le contraire. Il ne cherche pas à sucer ou manger les autres pour être plus fort. Sartre adopte plutôt l'attitude du coucou : il n'a pas de chez-soi et niche temporairement chez les autres, déposant ses œufs dans un habitat favorable. Une fois la couvée partagée et finie, il s'en va et les habitants sédentaires ne reconnaissent plus vraiment leurs petits. Avec Jean Genet, par exemple, Sartre a trouvé un milieu favorable où il peut développer sa psychanalyse existentielle. Il lit toutes les œuvres du poète, dramaturge et romancier, il étudie sa vie et ses pensées, puis il construit l'interprétation de sa personnalité. Son texte doit servir de préface aux éditions complètes de Genet, mais il est emporté par son étude et rédige finalement sept cents pages qui prennent toute la place du premier tome, en 1952. Jean Genet ne s'y reconnaît pas et il a envie de jeter cet énorme portrait de son œuvre et de sa psyché. Georges Bataille en dénonce aussi la mauvaise compréhension, mais Sartre est déjà parti ailleurs. La fidélité à son sujet lui importe peu, du moins ne fixe-t-elle pas un principe de travail. Ce qui compte et garantit la vérité psychique, c'est l'empathie.

La passion sartrienne est empathique. Elle définit la relation avec les auteurs étudiés, avant toute critique. Sartre entre chez eux « comme dans un moulin[1] » supposé ouvert à tous les vents, par-devant, par-derrière, selon son envie. Il est tenté de s'identifier à eux et nous devons comprendre comment fonctionne cette projection, bien qu'il s'en défende. Ainsi, avec Flaubert, commence-t-il par afficher son ambition théorique : le romancier du XIXe siècle lui fournit un cas concret lui permettant de traiter un sujet philosophique : que peut-on savoir d'un homme aujourd'hui ? L'objet de l'expérience est disposé pour passer à la moulinette de la totalisation et il doit en ressortir bien homogène, cohérent, expression de son époque et d'une programmation infantile. Pourquoi Flaubert, alors ? Il s'est objectivé dans ses livres et de manière complexe dans *Madame Bovary*, argue Sartre. De plus une correspondance abondante et débridée permet de mieux le comprendre. Soit, mais une raison plus singulière intrigue : Sartre dit avoir un compte à régler avec Flaubert. Cette implication personnelle décide l'entreprise et la méthode hybride, faite de connaissance objective et d'empathie subjective. Une biographie ne peut en rester à des faits, comme le croient les historiens positivistes, elle doit chercher *le vécu*, comprendre comment le sujet étudié a éprouvé, subi et choisi son histoire. Plus freudien qu'il ne l'avoue, Sartre veut alors, pour chaque auteur, trouver ce qui, dans son enfance, a déterminé un trajet d'existence, ce qu'il appelle la protohistoire du sujet.

1. Sartre, *L'Idiot de la famille*, *op. cit.*, p. 8.

Enquêteur exposé au contre-transfert, il veut identifier un « problème » à partir duquel reconstruire toute une vie. Le protocole lui permet de se projeter : constituer l'auteur choisi en personnage, occuper son habitat, accéder à son origine, et inventer une chronologie en racontant son histoire.

La distance affichée de Sartre à l'égard de ses personnages biographiques est aussi une manière d'analyser ses propres démons et tentations. Baudelaire fuyait, comme lui, l'esprit de sérieux et l'ordre bourgeois. Lui aussi a subi la violence d'un remariage maternel et l'horreur d'un beau-père détesté. Il a transformé son isolement en un choix de vie, s'est joué du monde en adoptant le dandysme comme style d'existence, et a investi son énergie créatrice dans une idée névrotique de l'Art. Proche de Flaubert sur ce dernier point, il incarne aussi ce qu'aurait pu choisir Sartre à l'orée de sa jeunesse. Les biographies sartriennes construisent ainsi une sorte de famille où les auteurs sont comme des frères, ayant vécu des traumatismes infantiles communs et découvert un semblable horizon de possibles où ils ont choisi leur voie. L'étude consacrée à Mallarmé débouche sur une analyse familiale où l'Absence, maître mot de son œuvre, est liée à un traumatisme originel qui en fait un écrivain « fils », avec le sentiment d'un destin et d'une impossibilité à le réaliser. Réunis dans la maison de la psychanalyse existentielle, ces écrivains-fils constituent une fraternité d'êtres solitaires, animée par l'empathie de Sartre qui les appelle par leur prénom et les rend contemporains.

Avec Jean Genet, la passion empathique procède d'une identification plus opaque : Sartre y projette moins ce qu'il a vécu lui-même qu'il ne s'imagine entrer dans la peau d'un homme très différent. Certes, il construit de nouveau une scène originaire et fondatrice à partir de laquelle toute une personnalité se déploie. L'enfant Genet a été surpris par son père adoptif en train de voler et il a été pris la main dans le sac, ou plutôt dans le tiroir, surpris par-derrière. On le déclare voleur et il choisit ce destin, dans l'aliénation du regard porté sur lui, transformant la honte en mode de vie. Cette jouissance de Sartre à décrire le moment de la honte – jouissance qui tient au délire d'interprétation, comme le désigne Freud – a partie liée avec un de ses souvenirs d'enfance. Lui aussi a volé, et ce petit larcin commis dans le porte-monnaie de sa mère a entraîné la réprobation morale du grand-père Schweitzer. Sartre, dans son autobiographie filmée, se souvient du craquement de genou de son grand-père, alors qu'il avait fait tomber une pièce de monnaie par terre, et qu'il s'était opposé à ce que son petit-fils, ce voleur, la ramassât[1]. La survalorisation de la scène de vol chez Genet n'est donc pas étrangère à cette mémoire personnelle. Cependant, ce qui surprend davantage est la charge sexuelle que Sartre y a placée.

Intégrer la sexualité de Genet à son projet de vie et d'écriture offre assurément un coup de génie de la part de Sartre qui ne s'embarrasse pas des pudeurs habituelles des biographes, enclins à jeter un voile pudique sur les pratiques sexuelles de leurs auteurs. Cependant l'investissement de Sartre, dans la description de l'homosexualité, peut être interrogé. Peu

1. « Un vieillard de quatre-vingts ans qui préfère se baisser pour ramasser une pièce de dix sous, c'est Dieu le Père se baissant pour ramasser une pièce de dix sous, pour écarter l'exclu, ça m'a fait un effet considérable » (*Sartre. Un film réalisé par Alexandre Astruc et Michel Contat*, *op. cit.*, p. 20-21).

connu pour ses sympathies à l'égard des homosexuels, il leur a donné des rôles plutôt négatifs dans ses romans, tels que les incarnent Bergère dans « L'Enfance d'un chef » ou Daniel dans *Les Chemins de la liberté*, ou encore dans ses analyses sur l'Occupation où il note les nombreuses recrues d'homosexuels parmi les collaborateurs. En revanche, avec Jean Genet, Sartre se passionne pour ceux qu'il appelle les pédérastes – un mot d'époque. Il convoque Proust, Gide et Jouhandeau dans ses commentaires et ne rechigne pas à entrer dans le concret des pratiques sexuelles. Pointant d'abord le goût de la masturbation, il observe : « Onaniste par élection, Genet préfère ses propres caresses parce que la jouissance reçue y coïncide avec la jouissance donnée, le moment de la passivité avec celui de la plus grande activité ; il est à la fois cette conscience qui se caille et cette main qui s'énerve à baratter[1]. » Si la thématique de la passivité/activité rejoint les préoccupations philosophiques de Sartre, la métaphore du beurre relève plutôt de sa projection fantasmatique.

Cependant les passages les plus étonnants concernent la sodomie, décisifs dès le début du livre puisque le regard accusateur posé sur l'enfant Genet est assimilé à un viol anal. Sartre qui a parlé librement de ses relations intimes n'a jamais évoqué de rencontres homosexuelles, mais il décrit précisément la sensation d'être pénétré par un autre homme : « Le pédéraste ignore, dans l'acidité irritante de sa douleur, s'il chasse un excrément ou s'il s'ouvre à un corps étranger. Le refus et l'acceptation sont intimement mêlés dans l'im-

1. Sartre, *Saint Genet. Comédien et martyr*, *op. cit.*, p. 410.

pression la plus immédiate[1]. » Comment peut-il approcher si précisément ces sensations de brûlure ou d'acidité qu'il associe au plaisir anal ? Que ce soit par témoignage reçu ou par expérience tacite, Sartre se met dans le corps de Genet et vit une sexualité par procuration. « Je veux le décrire de l'intérieur[2] », a-t-il prévenu, et son empathie n'en reste pas à une identification psychique. Il veut éprouver, dans son corps, des plaisirs qu'il tenait jusqu'alors à distance. Cette fois, la phrase « j'ai la passion de connaître les hommes » prend un sens nettement sexuel.

Dans sa relation à Flaubert, Sartre accentue encore plus l'écart entre sa ressemblance et sa dissemblance avec les auteurs qu'il « psychanalyse ». Cette tension aboutit à la production de trois grands volumes biographiques et d'un quatrième inachevé. « J'ai très peu de points communs avec Flaubert, affirme-t-il. Je l'ai choisi parce que, précisément, il est loin de moi[3]. » Une fois encore, nous pourrions souligner, à l'encontre de cette déclaration, les analogies entre les deux auteurs, et particulièrement ces tendances que Sartre rejette : une disposition à la rêverie, à la passivité, la grande affaire de Flaubert, selon lui. Les scènes d'enfance, le passage de l'enfant imaginaire à l'acteur, les jeux de théâtre de Gustave avec sa sœur Caroline font penser au jeune Sartre avec sa mère. De même la formule « quand les pères ont des projets, les enfants ont des destins[4] » peut s'appliquer autant au père de Flaubert qu'au grand-père de Sartre. Mais l'essentiel n'est pas là, dans

1. *Ibid.*, p. 128.
2. *Ibid.*, p. 282.
3. Sartre, *Situations X*, *op. cit.*, p. 104.
4. Sartre, *L'Idiot de la famille*, *op. cit.*, p. 107.

le portrait de soi sur le dos d'un autre. Sartre ne se projette pas, au sens usuel de ce terme, dans la vie de ses auteurs, il ne leur impose ses propres souvenirs que par aimantation. Il se réinvente plutôt. Grâce à eux, il mène une vie imaginaire en imaginant leur existence. Chaque biographie constitue une vie possible, virtuelle, certes non vécue, mais qui fait partie des existences rêvées de Sartre. Proches de personnages romanesques, ces auteurs apportent une épaisseur historique, une chair déjà constituée à partir de laquelle Sartre peut se réincarner.

L'empathie biographique est une autofiction par procuration. Sartre l'a pratiquée tout particulièrement avec Freud, Genet et Flaubert, créant des objets textuels et psychanalytiques exceptionnels. Il mêle en effet une ambition théorique démesurée, d'une part visant un savoir total qui doit permettre de comprendre à la fois un individu et son époque, et d'autre part tissant une fiction narrative qui conjugue l'histoire d'une personnalité et un récit de soi. De telles entreprises n'ont pas d'égal et tiennent autant de la construction du cas en psychanalyse que de l'écriture historiographique et autofictionnelle. Lorsqu'il écrit *Le Scénario Freud*, Sartre s'amuse à glisser des scènes qu'il a lui-même vécues et qu'il peut réinterpréter. Arlette Elkaïm-Sartre révèle ainsi qu'une scène de rue, au cours de laquelle Sigmund et Martha assistent au spectacle d'un camelot qui agite des marionnettes, est la reproduction d'un moment qu'Arlette et lui venaient de vivre à Venise. L'attitude de Martha y correspond exactement à celle d'Arlette, ce qui suggère que Sartre s'est incarné en Freud.

Écrire une vie implique des recompositions, des projections imaginaires, quand bien même le souci de la vérité demeure une ligne directrice. Sartre assume ainsi la dimension fictionnelle de sa biographie de Flaubert : « Je voudrais qu'on lise mon étude comme un roman, dit-il, puisque c'est l'histoire, en effet, d'un apprentissage qui conduit à l'échec de toute une vie. Je voudrais en même temps qu'on lise en pensant que c'est la vérité, que c'est un roman *vrai*[1]. » En affirmant cette dimension romanesque, Sartre ne choisit pas résolument la littérature et s'accorde avec des historiens tels que Paul Veyne ou Michel de Certeau qui reconnaissent, dans les années 1970, la part fictionnelle dans l'écriture de l'histoire. La vérité ne vient pas de la seule objectivité des faits ni du surplomb de l'autorité méthodologique. Elle se déclare aussi dans la reconnaissance d'une subjectivité de l'analyste qui ne fait pas abstraction de son vécu partagé, projeté, déplacé. Le roman des autres est aussi un roman de soi qui produit des vérités d'autant plus pertinentes qu'elles ne se fardent pas avec l'illusion de l'objectivité factuelle.

Les biographies existentielles de Sartre, tout en produisant des vérités sur des auteurs, des moments historiques et des savoirs méthodologiques, ont été aussi des vies substitutives. En se mettant dans la peau des autres, il s'est à la fois retrouvé et fui. La communauté des rêveurs, de ceux qui ont cherché dans la littérature une issue imaginaire, lui a permis, paradoxalement, de se mettre à distance et de se plonger dans ces névroses merveilleuses. Le travail interminable sur Flaubert ne fut-il pas, précisément, une échappée loin de la politique comminatoire qui réclamait de lui qu'il fût pleinement et exclusivement concerné par son époque ? Alors que

1. Sartre, *Situations X*, *op. cit.*, p. 94.

ses amis gauchistes lui demandaient d'écrire pour le peuple, de composer des romans sur l'avenir révolutionnaire, il se gardait cet asile où il pouvait s'expliquer avec Flaubert et lui-même. Il se justifiait auprès d'eux en arguant qu'il cherchait l'intelligibilité marxiste de l'Histoire à travers son étude biographique, mais il savait qu'en écrivant sur un homme du passé, a fortiori en construisant un roman, fût-il vrai, il dérogeait à ses engagements et fuyait la politique militante. « Il y a là une ambiguïté certaine et que j'ai ressentie en composant le livre : d'un côté, aller chercher quelqu'un au XIXe siècle et puis s'occuper de ce qu'il a fait le 18 juin 1838, on peut appeler cela une fuite ; d'un autre côté, mon but est de proposer une méthode sur laquelle on pourra ensuite construire une autre méthode et cela, selon moi, c'est contemporain. Aussi si je regarde le contenu, j'ai l'impression de fuir – peut-être en effet le faisais-je un peu – et si je regarde au contraire la méthode, j'ai le sentiment d'être actuel[1]. » Sartre veut donner des gages, il doit s'excuser d'être inactuel face à la pression morale et politique qui l'oblige à s'engager dans le présent. Il avoue malgré tout son délit de fuite, son escapade avec Flaubert, le plaisir de la vie hors de soi.

L'empathie se pratique avec les autres, pas avec soi. Sartre, à l'égard de lui-même, éprouve de l'antipathie. Il ne s'aime pas, il veut se briser les os de la tête, il pense contre lui-même et cherche les moyens de se fuir. Soupçonnant toujours une part d'inauthenticité, il veut se dépasser constamment et se délester de ses impostures. Son autobiographie, *Les Mots*, fut une manière de régler ses comptes avec lui-même, beaucoup

1. *Ibid.*, p. 114-115.

plus rude qu'il ne le fit avec Flaubert. Moraliste traquant sans relâche les illusions et les mensonges de l'amour-propre, il s'est employé à dénoncer sa névrose d'écrivain cherchant le salut dans l'art des mots. Avec un magnifique paradoxe, il a déployé un grand style littéraire, classique, pour manifester son adieu à la littérature. Les lecteurs qui n'aiment pas Sartre sauvent généralement cette œuvre, *Les Mots*, confirmant le malentendu, car la langue y est sublimement empruntée. À l'inverse de ceux qui creusent leur personnalité à la manière d'un puits, qui approfondissent leur intériorité et l'expriment dans l'unité d'un style reconnaissable comme leur identité, Sartre vit d'emprunt aux autres, il s'explore en sortant de lui-même, fuyant le piège de la reconnaissance qui l'amènerait à jouer son propre rôle, ce qu'il appelle être un salaud. Avoir la passion de comprendre les hommes lui permet de se débarrasser de lui-même, de se quitter. Se glisser dans la peau des autres, dans leur corps, leur pensée, leur style, fut le ressort existentiel de son empathie.

Sartre en chien

L'altérité revendiquée par Sartre, dans son choix d'auteurs différents de lui, s'est toutefois limitée à la masculinité. Les adversaires de la psychanalyse existentielle ont beau jeu d'observer qu'elle ne fonctionne qu'avec des écrivains, de surcroît appartenant à la même culture et du même sexe que leur théoricien. Sartre ne s'est pas risqué à construire la biographie d'une femme et sans doute a-t-il considéré que Beauvoir pouvait le faire beaucoup mieux que lui. L'étrangeté familière de ces auteurs n'a pas dépassé la frontière sexuelle et son empathie fut masculine. Cependant, à travers l'analyse de Flaubert se dessine furtivement une empathie surprenante qui, elle, transgresse la séparation métaphysique entre l'homme et l'animal. En effet sa plongée dans la passivité de Gustave, et plus précisément ses considérations sur sa « bêtise », lui a donné furtivement accès à un autre monde que celui de l'humanité. La thèse d'un Sartre intéressé par le psychisme des animaux peut prêter à sourire, lorsqu'on sait sa distance, voire son indifférence à leur égard. Cette absence d'intérêt est déclarée dans un dialogue avec Beauvoir qui lui fait remarquer :

> S. DE B. – Vous n'avez jamais aimé les animaux.
> J.-P. S. – Un peu si, les chiens et les chats.
> S. DE B. – Pas beaucoup.
> J.-P. S. – C'est un problème philosophique, pour moi, les animaux. Essentiellement[1].

Un long passage de *L'Idiot de la famille* témoigne pourtant que Sartre ne s'est pas contenté de penser philosophiquement les animaux et qu'il a bien tenté de « comprendre » ce que certains vivent. En décrivant l'attitude d'un chien, il accède en effet à un monde, fait de culture, d'affects et de représentations. Le chien l'intéresse plus particulièrement car son monde est perméable et la domesticité l'a rapproché des hommes. Loin de vanter cette proximité et l'affection partagée avec les maîtres, Sartre montre au contraire le malentendu de cette relation, du point de vue de l'animal. Voici la scène :

1. Beauvoir, *La Cérémonie des adieux*, *op. cit.*, p. 403. Beauvoir elle-même, dans *La Force des choses*, disait à l'écrivaine Colette qu'elle n'aimait pas les bêtes.

> J'ai vu la peur et la rage monter chez un chien : nous parlions de lui, il le sut à l'instant parce que nos visages étaient tournés vers lui, qui somnolait sur le tapis, et que les sons le frappaient de plein fouet comme si nous nous adressions à lui. Pourtant nous *nous* parlions : il le sentait ; des mots paraissaient le désigner comme notre interlocuteur et, pourtant, lui parvenaient barrés[1].

S'ensuit un développement sur la réception de ce bourdonnement de mots par le chien qui les comprend sans accéder aux signifiants. Il a l'intelligence du langage et, au-delà des ordres et des adresses directes, il entend que la conversation porte sur lui, qu'il est impliqué dans le groupe des humains, sans pouvoir y participer avec des mots. Dès lors, observe Sartre, cette impossibilité l'affole et le met petit à petit en colère, ce qu'il manifeste par des plaintes, de l'agitation et des aboiements. Analysant la solution psychique trouvée par ce chien, il explique qu'il a choisi la colère non pour se révolter, mais afin de simplifier le problème de l'incompréhension.

Sartre se met à la place du chien selon une double perspective : d'un côté il disserte sur la mystification malheureuse des rapports entre humains et animaux, de l'autre il saisit dans le psychisme du chien une vérité psychique, l'ennui comme solution à l'échec. Vraiment étonnant, ce texte est touchant pour plusieurs raisons. D'abord parce qu'on n'imagine pas le philosophe Sartre accorder une telle attention à un chien et à ses jappements. D'autres philosophes, tels Schopenhauer et

1. Sartre, *L'Idiot de la famille*, *op. cit.*, p. 145.

Deleuze, se sont emportés contre les aboiements, y dénonçant le dérangement des hommes et la honte de l'animal. Sartre, lui, souligne à la fois l'étrangeté de l'animal et la mystification de son humanisation ; toutefois il manifeste aussi son empathie à l'égard du vécu de l'animal domestique. Il reconnaît son intelligence, sa liberté de choix, sa souffrance psychique. Au lieu de le réduire à ses fonctions primaires, à la nourriture ou à la sexualité, comme le font la plupart des commentateurs animaliers, il s'intéresse à son insatisfaction, à son inquiétude, à son désir de communiquer, à son ennui. En cherchant à intégrer l'animal dans la culture humaine, dénonce Sartre, les hommes le transportent dans un monde où il sera fatalement en infériorité, en échec : non seulement il n'atteindra pas le degré des capacités qui font l'orgueil des hommes – le langage articulé et quantité d'autres prédicats –, mais ils nient son animalité par le dressage et la domesticité. La conséquence pour l'animal est « un vécu fêlé, contesté », qui égare son intelligence. « L'ennui de vivre est une conséquence de l'oppression des bêtes par l'homme[1]. » Sans se prononcer sur la vie animale qu'il a tendance à placer dans la nature et ses comportements spontanés, Sartre saisit néanmoins cette disponibilité de l'animal à entrer dans le monde humain, à sortir de la contingence qui caractérise tous les êtres vivants, quitte à tomber dans le piège de l'humanisation. Grâce à son empathie pour le chien, Sartre a identifié une structure de comportement chez les humains, celui que « Gustave partage avec les bêtes » : à la fois la domestication et, pour la déjouer, le choix de la vivre sur le mode de l'ennui. Connaîtrait-il, lui aussi, intimement, cette passivité qui fait

1. *Ibid.*, p. 146.

retomber dans la contingence, défait les grandes significations de l'existence, abolit l'évidence des raisons et des actions ?

C'est à travers cette toute petite fenêtre que Sartre s'est porté vers la « condition » animale, plus que vers sa « nature ». Les suites philosophiques et pratiques de ce nouveau regard n'ont pas été décisives, cependant elles indiquent une brèche dans son humanisme. Au lieu de camper sur une bonne conscience anthropocentriste, affirmant l'exception et la suprématie de l'homme dans la nature, Sartre est sensible à l'étrangeté des êtres à la fois proches et lointains, intrigué par la traversée de la frontière métaphysique censée distinguer l'homme et l'animal. D'un côté le chien la franchit au prix de son aliénation, de l'autre l'humain retrouve dans les bêtes son propre effondrement, ce qu'il nomme sa bêtise. La suite d'une telle prise de conscience serait d'arrêter de considérer les animaux comme de la viande, ce mot qui les réduit à de la matière consommable. Mais Sartre a toujours été un carnivore, adepte des grandes brasseries parisiennes – le Balzar, la Palette, la Coupole, la Closerie des Lilas – où il déguste la choucroute garnie et le cassoulet. Seuls les fruits de mer échappent à son appétit. Malgré tout, sur le tard, il confie sa satiété, liée à une préoccupation morale, expliquant, à propos de la viande : « J'en ai mangé longtemps, j'en mange moins maintenant, je ne l'aime pas beaucoup. Il y a eu un temps où j'aimais un beau morceau de rumsteak, un chateaubriand, le gigot, puis j'ai un peu abandonné parce que ça me faisait trop songer que je mangeais de la bête[1]. » Les doutes de Sartre quant à l'alimentation carnivore sont toutefois anciens et cor-

1. Beauvoir, *La Cérémonie des adieux*, *op. cit.*, p. 424.

respondent surtout à des phobies plus qu'à une conscience de l'animal comme sujet. Les descriptions de pourriture de la chair animale ou de la prolifération des entrailles abondent dans ses romans au point que, sans doute, la vue d'une pièce de viande le renvoie à ces dégoûts. Il préfère d'ailleurs les viandes cuisinées aux grillades qui exposent le mangeur à la chair et au sang. Dans *Vérité et Existence*, un texte écrit en 1948 et publié de façon posthume, il dénonce la mauvaise foi des carnivores qui donnent de jolis noms aux plats de viande qu'ils dégustent et refoulent la présence d'un animal dans leur assiette : « Ce carnivore distingué mange un "chateaubriand", étrange objet portant le nom d'un écrivain et sculpté dans une matière indéfinissable, mais il refuse (curiosité *malsaine*) d'aller aux abattoirs. S'il y va, l'abattoir surgit dans le monde bourgeois en pleine lumière : il existe, le chateaubriand est de la viande d'animal mort[1]. »

La mise à mort des bêtes n'apparaissait pas à Sartre comme un scandale et il assista même à des spectacles de corrida. Cependant la fréquentation d'un animal particulier lui donna subrepticement accès à une conscience non humaine avec son psychisme, son intelligence et sa souffrance. Ely Ben-Gal rapporte l'attitude de Sartre avec le chien d'Arlette, Kilou, un bâtard blanc et noir qu'il caressait et auquel il parlait. S'étonnant de cette relation, Ben-Gal se vit répondre par Sartre : « Ce que je n'aime pas, ce ne sont pas tant les bêtes que les gens bêtes qui aiment les bêtes[2]. » Nous retrouvons là les pages de *L'Idiot de famille* où est dénoncée l'humanisation

1. Sartre, *Vérité et Existence*, Gallimard, 1989, p. 70.
2. Ely Ben-Gal, *Mardi chez Sartre*, *op. cit.*, p. 105.

du chien. La possibilité d'une affinité, au-delà de la ressemblance, s'ébauche avec le chien, une familiarité inattendue, ce qui s'appelle une rencontre. Le fils de Ben-Gal appelle d'ailleurs Sartre « le grand-père de Kilou » et cette fiction du philosophe en chien, loin de tout cynisme, suggère une traversée imaginaire de la frontière avec l'animal, une sortie de soi vers un monde inconnu. Dans *Les Mots*, cette projection est décrite comme une fuite : l'enfant qui se plie sans cesse à la comédie familiale lui échappe en tombant dans la « stupeur animale ». Alors qu'elle le surprend en train de rêver, donc de s'évader, sa mère lui rappelle les raisons d'être gai et Sartre observe : « Elle avait raison : un enfant gâté n'est pas triste ; il s'ennuie comme un roi. Comme un chien. Je suis un chien. Je suis un chien : je bâille, les larmes roulent, je les sens rouler[1]. » Enfermé dans le spectacle de sa soumission, l'enfant faisait le chien savant, mais il connaissait la condition de l'animal domestique, et son refuge dans l'ennui, la seule part qui lui reste de sa liberté.

Ainsi les autoportraits par biographies interposées ont permis à Sartre de se comprendre et de se fuir. Comédien comme Genet, il s'ennuyait comme Flaubert, et comme les chiens. Ces déplacements dans le corps des autres révèlent le sens psychique de l'empathie : au lieu de confirmer une ressemblance, elle met en relation avec une étrangeté, parfois radicale. Les interprétations biographiques proposées par Sartre ne doivent pas faire illusion avec leur totalisation de tous les aspects d'une existence. Chefs-d'œuvre de compréhension des individus et de leur histoire, elles ont été, en même

1. Sartre, *Les Mots*, *op. cit*, p. 50.

temps, ses vies rêvées. Elles lui ont permis de s'explorer, à partir de traits communs, et aussi de s'enfoncer dans d'autres abîmes, de se perdre et de se réinventer. La projection de soi, au lieu d'envahir un sujet étranger avec sa propre personnalité, encourage une vie hors de soi, une incarnation imaginaire dans la peau d'un autre, humain ou pas. Les vies inventées de Sartre, qu'elles soient celles de Baudelaire, de Genet, de Freud, de Flaubert ou la sienne, ont été des aventures immersives où la plongée fut aussi une échappée.

ÊTRE UNE MUSIQUE

Écrire et rêver dans la peau d'un autre sont des formes d'empathie que Sartre a vécues grâce à ses biographies existentielles. La musique, plus immédiate et plus intense, lui permit de s'échapper autrement et de ressentir des émotions qu'il ne s'autorisait pas volontiers à exprimer. Elle accompagna toute son existence, depuis ses danses chevaleresques autour du piano de sa mère Anne-Marie jusqu'à ses duos sans fin avec Arlette. En 1940, alors qu'il est mobilisé et s'apprête à profiter d'une permission, il entend une chanson de Charles Trenet, *J'ai ta main*, et il pleure : « Une émotion violente et brusque, sans rapport à ma morosité réfléchie de l'instant précédent, me mouille les yeux. J'écrase mes larmes en feignant d'essuyer mes lunettes. Il y a certainement là-dedans un assez abject retour d'attendrissement sur moi[1]. » Cette notation, typique du comportement de Sartre, dit à la fois sa sensibilité et son refoulement. Pleurer relève de la sensiblerie, surtout à l'écoute d'une musique sentimentale. Sans doute y a-t-il de la pudeur virile à ne pas vouloir se montrer ainsi au milieu d'autres soldats : un homme ne pleure pas, et encore

1. Sartre, *Carnets de la drôle de guerre*, *op. cit.*, p. 418.

moins à l'écoute d'une chanson ! Plus généralement Sartre ne veut pas se laisser déborder par l'émotion. L'abandon est coupable, « abject », car la morale du contrôle et le devoir d'impassibilité obligent à réprimer ses sentiments. La culture protestante ne disparaît jamais tout à fait. Une telle ambivalence, entre émotivité et mépris du sentimentalisme, gouverne l'attitude de Sartre à l'égard de la musique.

Écouter

D'un côté, il y a la musique dont il parle savamment, de l'autre celle qu'il chante et joue avec émotion ; ces deux mondes se rejoignent rarement. Je l'ai découvert à propos de sa pratique du piano[1], grâce à un film réalisé par Madeleine Gobeil, dans une courte séquence où il déchiffre un *Nocturne* de Chopin. Un tout autre Sartre se révélait déjà. Son jeu manifestait la contradiction entre son amour constant de la musique romantique et sa dénonciation des « cons » qui écoutent les *Préludes* de Chopin, qui « se figurent que les sons captés coulent en eux, doux et nourrissants et que leurs souffrances deviennent musique, comme celles du jeune Werther[2] ». Depuis cette enquête sur le rôle du piano, des archives beaucoup plus importantes, en nombre et en nature, offrent une nouvelle écoute de Sartre et de sa relation à la musique. Il s'agit de dizaines de bandes magnétiques, où sont enregistrées une centaine d'heures de pratique musicale, instrumen-

1. *Le Toucher des philosophes. Sartre, Nietzsche et Barthes au piano*, Gallimard, 2008, « Folio essais », 2014.

2. Sartre, *La Nausée*, in *Œuvres romanesques*, Gallimard, « La Pléiade », 1981, p. 205.

tale et vocale en compagnie d'Arlette Elkaïm-Sartre. Elles confirment l'intuition première et dévoilent un monde à part, un contretemps majeur dans la vie de Sartre. Pour en apprécier la valeur et avant de les analyser, il importe de rappeler quelques enjeux de l'écoute musicale chez le philosophe mélomane.

Les goûts musicaux de Sartre, sagement éclectiques, vont de la musique savante au jazz et à la chanson. Les musiques rock, pop ou extraoccidentales lui sont indifférentes. Ses oreilles ont été formées par une culture bourgeoise, et surtout protestante, qui l'a conduit à écouter Bach, des pièces pour chœurs et pour orgue. La famille Schweitzer allait à l'église, les oncles jouaient des pièces du compositeur, même le fameux Albert Schweitzer, un autre oncle, en publia une analyse musicologique. À l'écart de ces pratiques, voire contre elles, Sartre jouait du piano avec sa mère, préférant l'intimité d'un duo et l'expression des sentiments grâce au répertoire romantique. De là viennent son opposition à la musique de concert, à ses usages sociaux, et sa préférence pour le jeu solitaire ou à deux. Il trouvait dans sa complicité musicale avec sa mère Anne-Marie un refuge face au monde des hommes et à l'esprit de sérieux. Sartre écoutait alors Beethoven, Schumann, Chopin. Ils jouaient des pièces de Mendelssohn à quatre mains et appréciaient aussi les adaptations d'opérettes. Sartre retrouvera cette connivence avec Arlette chez qui il ira jouer du piano, rue Delambre, après avoir très longtemps pratiqué celui de sa mère, rue Bonaparte, deux heures par jour. Grâce à René Leibowitz, après-guerre, il apprend à aimer la musique sérielle et il écoute plus généralement la seconde école de Vienne, Webern, Berg et Schönberg.

Plus tard, dans un entretien avec Michel Sicard[1], il commente ses contemporains : Xenakis, Nono, Boulez, Kagel, Berio et Stockhausen. Bien qu'il se soit livré à une réflexion savante et informée, il n'écoutait pas volontiers ces compositeurs. Il s'obligeait à aller à certains concerts, parfois à contrecœur comme lors d'une performance de Luigi Nono à Venise. Il s'intéressa plutôt tardivement à la musique contemporaine, en tant qu'intellectuel curieux des arts, mais ses goûts demeuraient très classiques.

Son voyage en Amérique, en 1945, lui ouvre de nouveaux horizons d'écoute. Il y découvre Bartók avec enthousiasme, mais aussi le jazz. Depuis ses vingt ans, il a eu l'intuition que ce genre musical était « la musique de l'avenir[2] », et dans *La Nausée* il confie à un air de jazz, *Some of These Days*, le rôle de sauver l'existence injustifiée. À New York, il fréquente quelques boîtes de jazz et s'emballe pour leur ambiance au point d'écrire un texte sur le Nick's Bar. Une telle musique représente une sorte d'idéal esthétique, car elle allie le plaisir du moment présent à une sorte d'indétermination, ouverte à l'improvisation du musicien qui fait partie de l'œuvre elle-même. Sartre commence alors à écouter certains répertoires et à fréquenter quelques compositeurs, tels que Charlie Parker et Miles Davis. La compagnie de Michelle Vian lui permet d'aller à des concerts, notamment sur la Côte d'Azur. Il confie à Michel Contat[3] qu'il apprécie Duke Ellington, Thelonious Monk et Charlie Mingus. Attiré par les scènes de jazz,

1. Michel Sicard, *Essais sur Sartre. Entretiens avec Sartre*, *op. cit.*, p. 297-328.
2. Sartre, « New York, ville coloniale », in *Situations II*, Gallimard, 2012, p. 313.
3. Sartre, *Situations X*, *op. cit.*, p. 170.

Sartre ne joua cependant jamais ce genre de musique, comme si elle restait étrangère à ses capacités rythmiques ou à son habitude des structures classiques.

Lorsque Sartre s'est risqué sur des territoires éloignés de la musique savante, ce fut plutôt du côté de la chanson populaire. Ce goût pour la composition de chansonnettes lui vint très tôt, comme en témoigne Henriette Nizan qui rapporte dans ses Mémoires des moments d'intense gaieté musicale, en marge des cours de philosophie, à la fin des années 1920 :

> Notre distraction favorite était la composition musicale, et nous abordions avec une égale assurance la chansonnette et l'opéra. Sartre se laissait aller à ses dons de pianiste, d'improvisateur et de clown, nous passions des heures autour du piano à rire de nos bêtises.
>
> Nous aimions chanter l'une de nos compositions :
> « Nous sommes partis ce matin
> Pour fon…
> Pour fon…
> Pour fonder Rome. »
>
> Ou encore « Les Papillons de nuit », une romance à la mode :
>
> « Les papillons se brûlent à la flamme
> Comme aux feux de l'amour se déchirent les âmes
> Et l'on voit chaque soir dans le ciel de minuit
> Se dérouler les mêmes drames… »
>
> Sartre mettait beaucoup d'émotion dans la voix, Nizan sifflotait faux, Marianne et moi faisions les chœurs[1].

1. Henriette Nizan, *Libres Mémoires*, Robert Laffont, 1989, p. 86-87.

Au moment de la Libération, Sartre trouve l'occasion de collaborer avec une comédienne qui s'oriente vers la chanson, Juliette Gréco. Après lui avoir proposé des textes d'écrivains, il lui fait cadeau d'une chanson qu'il avait imaginée pour sa pièce *Huis clos* et que Joseph Kosma mit en musique. *La Rue des Blancs-Manteaux* devint un grand succès et Sartre lui proposa encore un texte de lui, participant à l'effervescence de Saint-Germain-des-Prés et de clubs tels que Le Tabou.

Cette légèreté de Sartre, son goût de la farce musicale et de la chanson populaire, qui ne se limitèrent pas au folklore de Saint-Germain-des-Prés après-guerre, détonnent avec l'image du maître à penser de la littérature engagée. Elle indique pourtant une constante échappée vers le jeu, l'humour, l'expressivité que permet la pratique de la musique dans ses genres les plus divers. Le répertoire qu'il commente n'est décidément pas le même que celui qu'il adore jouer. Cette répartition se manifeste dans la division des rôles entre les personnes qui l'accompagnent : avec Simone de Beauvoir, il écoute la musique sur des disques ou à la radio. Elle a d'ailleurs constitué une discothèque importante, du répertoire baroque au contemporain. Dans les années 1970, ils reviennent volontiers aux grands classiques tels que Monteverdi, Gesualdo, les opéras de Mozart, surtout *Così fan tutte*, et le requiem de Verdi. La cécité le gagnant, Sartre passe une grande part de son temps à écouter la radio, appréciant France Musique – quand il n'y a pas trop de discours musicologiques, se plaint-il. Ses dernières écoutes sont allées aux quatuors de Beethoven, ce qui ne l'empêchait pas d'apprécier aussi le fado d'Amália Rodrigues.

Avec Arlette Elkaïm, en revanche, Sartre joue, accompagne, chante et compose. Après le plasticage de l'appartement du 42 rue Bonaparte, au moment de la guerre d'Algérie, il déménage et offre un piano à Arlette chez qui désormais il prend l'habitude de jouer. Les moments musicaux de Sartre avec Arlette auraient pu rester sans archives et, de fait, chacun d'eux en a très peu parlé, sans aucun détail sur leurs répertoires de prédilection. Tout au plus savait-on que Sartre allait rue Delambre et qu'il jouait, c'est tout. La centaine d'heures d'enregistrements révèlent non seulement une activité essentielle dans l'existence de Sartre, mais aussi la dimension psychique de son goût pour la musique. Le docte commentaire des œuvres y tient moins d'importance que la manière de les vivre. Pourquoi se sont-ils autant enregistrés ? Sur les bandes magnétiques et les cassettes sont recueillis l'exécution de pièces achevées tout autant que des déchiffrages et des répétitions imparfaites. Sans doute Sartre et Arlette voulaient-ils s'écouter pour repérer leurs fautes et progresser. On y entend des superpositions d'enregistrements qui ont effacé d'anciennes versions. Cependant leur ampleur signale d'autres fonctions, parmi lesquelles le plaisir de se réécouter, de retrouver des moments de joie et de partage. L'enregistrement, même s'il est effectué dans le présent synchrone du jeu, se dispose déjà au plaisir d'une écoute au futur antérieur. Il construit un souvenir et transforme l'instant en une réserve d'écoute à venir et nostalgique, comme s'il s'agissait de dire « nous aurons joué ensemble ». À la façon des petits films Super 8 qu'ils réalisent pendant leurs voyages, ces morceaux de musique, qui sont aussi des morceaux de temps, consignent les traces de leur bonheur. L'amateurisme assumé des performances musicales ne laisse en tout cas deviner aucune intention de constituer un document, encore moins de le confier à la postérité. L'usage de l'enregistrement reste intime, il prolonge la complicité de Sartre et d'Arlette, à l'écart de toute publicité. Nous le découvrons donc par cet à-côté de l'existence sociale, comme son contretemps. Alors qu'il pouvait, dans la même journée, recevoir des interlocuteurs politiques et écrire des textes engagés, Sartre se retirait de la vie publique pour jouer, contrairement à la réquisition et à la transparence totales qu'il revendiquait. Cette opacité préservée indique une autre politique du temps, un autre rapport de la personnalité aux mondes qui la composent. Sartre trouve dans la musique partagée un abri dans lequel il peut vivre des émotions, exprimer son corps, s'adonner à la gratuité du jeu enfantin et à la joie sans culpabilité.

Les après-midi et les soirées musicales à deux suivent des petites dramaturgies avec plusieurs scènes, dispositifs et registres affectifs. L'une d'elles met Sartre en position d'accompagnateur, pendant qu'Arlette chante ou joue de la flûte. Elle se passionne pour les airs italiens des XVIIe et XVIIIe siècles et s'inspire de Mme de Sévigné qu'elle appréciait particulièrement pour apprendre l'italien et le chanter. Son répertoire comprend des arias de Scarlatti, comme *O cessate di piagarmi* dans *Il Pompeo*, ou encore de Haendel et du *Messie*. Bien que Sartre n'aimât pas les lieder de Schubert qu'il trouvait très inférieurs à ceux de Schumann, elle répétait, en français, *La Jeune Fille et la Mort* et *Je dois te fuir !*. Les performances musicales des amateurs ne se mesurant pas à celles des professionnels, la voix d'Arlette, pas toujours juste, n'atteint certes pas la qualité d'une soprano. Il s'y mêle un souci appliqué de suivre la partition et l'exaltation de jouer ensemble. Il est évident que tous deux s'amusent et surjouent leurs rôles. Sartre est un excellent accompagnateur et il adore cette fonction de soutien du chant. Il sait donner le rythme et s'adapter avec douceur aux flottements de sa cantatrice. Parfois une troisième personne entre dans le jeu lorsque la partition le requiert : une amie, Claire Jéquier, leur permet ainsi d'interpréter le *Stabat Mater* de Pergolèse à deux voix et piano. Un autre instrument fait aussi son apparition, la flûte dont Arlette a appris à jouer et dont elle déchiffre les morceaux dans des albums, son accompagnateur suivant la partition avec docilité.

Toutefois les rôles changent et Sartre chante à son tour. La dramaturgie est transformée car à la place d'un petit filet de voix qui pousse modestement vers l'aigu, c'est un baryton qui veut se faire entendre avec le maximum d'expressivité. Sartre chante avec effusion, il dramatise son texte, qu'il s'agisse des paroles d'un Évangile – « il guérira tous ceux qui souffrent, consolera tous ceux qui pleurent, l'aveugle verra la lumière et les morts sortiront du tombeau » – ou d'un poème de Goethe – « Il était un roi de Thulé / Qui, jusqu'à la tombe fidèle, / Eut en souvenir de sa belle, / Une coupe en or ciselé ». Tantôt c'est Arlette qui prend le rôle de Marguerite, tantôt c'est Sartre, car il adore le *Faust* de Gounod. Ce répertoire n'a pas la dignité requise pour les commentaires des musicologues distingués, mais il s'en fiche et il aime tout autant *Carmen* de Bizet dont il chante l'air du toréador. C'est là, dans sa profération libre, mêlant l'humour et la joie, le premier et le second degré, qu'il est heureux. Son bonheur s'entend, il n'a pas besoin d'être expliqué, il se tient dans sa voix et ce qu'elle transporte du corps, des affects, de la présence pure. Le faux sérieux avec lequel il entonne les paroles de ces opéras laisse percevoir, sous la parodie, l'euphorie de celui qui épouse pleinement l'expression des sentiments. Parmi les mélodies que Sartre affectionne le plus, celles de Fauré occupent la meilleure place. Là encore, les lecteurs qui s'en tiennent aux déclarations du philosophe sur la musique sérielle ou sur Schönberg seraient bien surpris de l'entendre dans ce répertoire de la musique française du début du XXe siècle. Il aime Fauré, Debussy et Ravel, il les joue et les chante avec allégresse. La mélodie de Fauré qu'il interprète le plus souvent est *Lydia*. Le poème de Leconte de Lisle ne s'abîme pas dans les profondeurs métaphysiques et la musique de Fauré n'imite pas la dramaturgie lugubre des lieder de Schubert. Il appelle à la sensualité simple et élégante de l'amour, que Sartre chante, encore et toujours, sans jamais se lasser :

Lydia sur tes roses joues
Et sur ton col frais et si blanc,
Roule étincelant
L'or fluide que tu dénoues ;

Le jour qui luit est le meilleur,
Oublions l'éternelle tombe.
Laisse tes baisers de colombe
Chanter sur ta lèvre en fleur.

Empathique et emphatique, Sartre ne l'est pas seulement avec les hommes qu'il veut comprendre, il adhère et fusionne avec la musique qu'il chante. Surjouant, à la fois pour rire et pour se donner, pour mettre en voix ce qu'il vit lui-même, il force le volume et dilate les « baiiiiiiiisers » et les « lèèèèèvres » de la mélodie.

Cette emphase du jeu, avec sa part de comédie et son émotion vécue, Sartre la déploie aisément grâce au répertoire romantique. Au piano aussi, il a quelques morceaux fétiches, dont les *Préludes* et les valses de Chopin. L'ayant sans doute apprise pendant l'enfance, il joue très souvent la *Valse de l'adieu*, op. 69, n° 1, son morceau de bravoure. Là encore il abuse un peu du jeu sentimental, son rythme est approximatif, son *rubato* forcé, tout comme lorsqu'il déchiffre les *Nocturnes*. Mais il ne joue pas pour exécuter les morceaux à la perfection et n'a d'ailleurs pas l'idée de prendre des cours, préférant se reposer sur ses acquis de jeunesse. Le plaisir de rejouer et de déchiffrer lui suffit. Même s'il fait parfois des exercices de tierce, il ne progresse plus vraiment. Parfois il tente de composer, cependant c'est encore pour entrer dans l'univers de quelqu'un d'autre : il compose « à la manière de ». Debussy, Ravel et Webern ont sa préférence et il se lance dans des improvisations où il retrouve les sonorités typiques de ces compositeurs. Comme à son habitude, Sartre butine et fait son miel des partitions qu'il a le plus fréquentées. Il peut donc passer d'un genre à un autre et composer parfois, pour Arlette, une petite chanson, à la façon de *L'Opéra de quat'sous*.

Un bonheur aérien de jouer ensemble ressort de ces enregistrements. Rarement solitaire devant son piano, Sartre, s'il a longtemps pratiqué l'instrument chez sa mère, s'est adonné aux joies de la musique à deux avec Arlette. Chez elle, ils se retrouvent autour de leurs morceaux préférés, avec leurs petits rituels pour choisir le programme. Ils mêlent le plaisir de la répétition à celui de l'exploration. Régulièrement, ils ajoutent des airs, des instruments, des compositeurs à leur répertoire familier. Ils ont aussi leur chanson fétiche, celle dont ils savent qu'ils la chanteront à un moment ou à un autre, comme une reconnaissance, une réassurance de leur complicité. Cette chanson anonyme du XVIIIe siècle, *O leggiadri occhi belli*, a été élue pour devenir l'hymne de leurs après-midi musicaux, comme Odette et Swann avaient l'hymne national de leur amour. « Oh mes beaux yeux, mes chers yeux », chante Arlette pendant que Sartre l'accompagne au piano. Il l'écoute comme Werther déclarant, dans le roman de Goethe, « c'est son air favori, il chasse loin de moi les troubles, les peines et les idées noires, dès qu'elle en attaque la première note ». La plénitude de ces moments semble évacuer en effet tout souci. Ils répètent ce morceau, ils l'enregistrent à l'envi. Une gaieté inaltérable s'en dégage, symbolisant ce pouvoir qu'a la musique d'extraire ses interprètes du monde des intérêts et des conflits. Parmi les mélodies de Fauré figurant à leur répertoire chéri, *Au bord de l'eau* dit parfaitement cette immanence heureuse. Même si le poème de Sully Prudhomme dont elle est issue ne suffit pas à transmettre ce que la musique de Fauré sait diffuser mieux que toute autre expression, ses mots approchent au plus juste le temps vécu par les deux musiciens :

S'asseoir tous deux au bord du flot qui passe,
Le voir passer ;
Tous deux, s'il glisse un nuage en l'espace,

Le voir glisser ;
À l'horizon s'il fume un toit de chaume,
Le voir fumer ;
Aux alentours, si quelque fleur embaume,
S'en embaumer ;
Entendre au pied du saule où l'eau murmure,
L'eau murmurer ;
Ne pas sentir tant que ce rêve dure,
Le temps durer ;
Mais n'apportant de passion profonde,
Qu'à s'adorer ;
Sans nul souci des querelles du monde,
Les ignorer ;
Et seuls tous deux devant tout ce qui lasse,
Sans se lasser ;
Sentir l'amour devant tout ce qui passe,
Ne point passer !

L'inspiration rousseauiste du poème souligne le temps immanent de ceux qui ne cherchent pas ailleurs, dans un autre monde, ce qui leur est donné au présent, autour d'eux. Voir, entendre, sentir la nature sans l'interpréter, en jouir innocemment, cela suffit. Le temps s'est effacé, ce n'est sans doute qu'un rêve, mais il faut y demeurer dans l'ignorance du reste. Les querelles du monde, Sartre les connaît trop, et la musique lui enjoint de les négliger. Loin des discours et des pulsions de pouvoir, il vit l'éternité d'un passage, sans but ni fin. L'amour de la nature, de la musique et l'amour de l'amour se confondent. Elle chante, il joue, ils s'aiment en musique. Chaque duo est une figure de leur complicité renouvelée, hors temps, hors lieu. Le monde extérieur n'existe plus, ni la société, ni la politique, ni la morale. L'inquiétude a disparu et ne demeure que le souci de bien jouer la partition. Ils ont accordé leurs voix au tempo et au mode des pièces jouées, dans une fraîcheur sans âge.

Lorsqu'elle atteint ce degré d'intimité partagée, la musique semble protéger de toutes les passions mauvaises. Elle immunise contre l'angoisse et la dépression, même lorsqu'elle favorise la mélancolie, car elle porte les humeurs sans jamais les laisser plonger dans les abîmes du néant. Sartre y trouve plus qu'un refuge, il y éprouve un abandon actif, car il se donne joyeusement à la nécessité de suivre l'ordre des notes. Il s'est rêvé musicien, il s'est incarné dans des rôles musicaux, il aurait voulu être une musique. L'interrogeant sur ses sources de « contentement », Beauvoir lui demande :

> — Est-ce que la musique – vous aimez beaucoup la musique – vous donne un peu le même état quelquefois ?
> — Oui, si ce n'est pas moi qui la joue. Dans un concert ou en écoutant un disque, je peux avoir des impressions de ce genre. Ce sont des rapports avec le bonheur si vous voulez. Ce n'est pas exactement du bonheur puisque ce sont des instants qui vont disparaître mais ce sont des éléments qui constituent le bonheur[1].

Sartre parle toujours du bonheur avec des pincettes, et nous savons que cet état lui paraît coupable, tant il suppose de laisser-aller. Les moments de rêverie, lors de ses voyages à Venise, lui ont donné ce sentiment qu'il a systématiquement réprimé. Lorsqu'il écoute de la musique, il ressent fugitive-

1. Beauvoir, *La Cérémonie des adieux*, *op. cit.*, p. 533.

ment des joies qui participent à la possibilité du bonheur. Cependant jouer de la musique engage plus activement que l'extase contemplative. Quand il est seul au piano, il peut demeurer dans la contrainte du jeu, du doigté ou du rythme, mais lorsqu'il joue à deux, qu'il chante, improvise, accompagne ou interprète, alors le jeu échappe à la discipline et devient pure joie ludique, fusionnelle et empathique. En écoutant ses enregistrements dont la durée pourrait être infinie, tant les performances s'y enchaînent et s'y superposent sans but, déposant les traces d'un temps qui passe hors de toute époque, nous devinons que seule la musique offrit à Sartre le vrai sentiment du bonheur.

UNE AUTRE POLITIQUE DE L'EXISTENCE

Qui fut Sartre ? Un baryton d'opérette, un philosophe allemand, un touriste en Italie, un harangueur du peuple, un homme à femmes, un écrivain caméléon, un rêveur mélancolique ? Sans doute tout cela en même temps. Les personnalités multiples de Sartre ont été vécues simultanément, sur un mode compartimenté avec des passages contrariés entre ses vies officielles ou refoulées. Lorsqu'il se demandait ce qu'on peut « savoir d'un homme aujourd'hui », le philosophe anthropologue répondait avec l'armada de toutes les connaissances possibles, historiques, psychanalytiques, linguistiques… visant à la compréhension totale d'un individu. Paradoxalement, il se fuyait lui-même en poursuivant le projet de comprendre les autres, rétif à sa propre identité. Connaître Sartre ne signifie pas regrouper les informations éparses qu'on peut collecter dans ses archives, même les plus inattendues et les plus contradictoires. Resteront toujours, hors de portée, des moments vécus sans traces, recouverts sous les dizaines de milliers de pages déposées par cet écrivain polygraphe. Entre les lignes, sans les mots, se sont envolés de nombreux rêves, restés inconscients, des fantasmes de vies possibles, d'intenses émotions à l'écoute de musiques ou à la vue de paysages, impossibles à consigner. Des amours et des désirs non dicibles, des désespoirs qu'aucun divan d'analyste n'a recueillis, des excès et des extases causés par des drogues, dans la noirceur ou l'éclaircie du délire, demeureront muets à jamais. Des petites folies aussi, par lesquelles Sartre frôla le vertige de l'abandon. Toutes ces échappées ne peuvent être devinées qu'au travers de résidus marginaux, sons de voix et d'instruments captés sans contrôle, correspondances non destinées à la publication, mensonges relatifs aux adresses multiples, images instantanées et sans projet, mots poétiques et maladroits. Grâce à leur bruissement, la grande œuvre et l'Histoire officielle se lisent et s'écoutent autrement, délestées de l'hagiographie et de l'appropriation du sens. De telles informations, parfois sous la forme d'intuitions, ouvrent des fenêtres dans la maison de cet homme qui se sentait intimement appartenir au vent. Elles provoquent des courants d'air et dessinent des perspectives surprenantes, déroutant la chronologie progressive au profit de chemins désordonnés, régressifs et achroniques.

À chacun son Sartre, sans doute. L'admiration ou la haine ont besoin d'un portrait univoque de l'être aimé ou détesté. Pour beaucoup, la figure de Sartre reste liée, de façon indissociable, à la politique, à sa conception de l'engagement et à ses interventions intellectuelles. Pendant trente-cinq ans, il n'a cessé de soutenir des luttes populaires et des militants révolutionnaires, de dénoncer des crimes de guerre, de porter un message d'émancipation à toutes celles et tous ceux qui subissent une domination raciale, sexuelle, coloniale, impériale, économique. Défenseur des Juifs, des Noirs, des colonisés, des prolétaires, des femmes, des homosexuels, des étudiants, des Algériens, des Vietnamiens, des Palestiniens… il mit son écriture au service des opprimés, inconditionnellement. Plus encore, il somma la littérature et les arts de prendre leurs responsabilités et d'assumer leur solidarité politique. Dès lors, montrer un Sartre qui écrit « la politique m'emmerde », qui renâcle à pousser son cri d'indignation à la face du monde, et qui cherche les occasions de fuir à la dérobée, loin du verbiage idéologique, cela choquera légitimement les fidèles du grand homme.

La réduction d'un tel écart entre les discours et les sentiments consiste, chez les admirateurs, à dévaloriser les sources contradictoires en les rejetant dans le domaine intime, quitte à oublier que Sartre revendiquait la transparence et refusait la distinction entre vie privée et vie publique. Mais cette réaction ne surprend pas tant le déni est la ressource puissante dont les croyants ont besoin pour assurer leur foi. Du côté des détracteurs de Sartre, la discordance des mots et des comportements ne fait que conforter leur goût de la dénonciation : l'intellectuel engagé n'était qu'un menteur à leurs yeux, compromis dans les pires causes. Tout comme celles et ceux qui ont découvert la correspondance amoureuse, posthume, de Simone de Beauvoir avec Nelson Algren, en fort décalage avec ses écrits féministes contemporains, ils crient à la trahison. Cependant l'homogénéité d'un penseur avec ce qu'il vit est un leurre, cela dût-il nous choquer. Tout comme Proust l'a expliqué pour les romanciers, les écrits d'un auteur, même un philosophe, sont les produits d'un autre moi que celui de sa vie ordinaire. Admettre la différence entre le *je* qui écrit et le *je* qui pense, doute, rêve et aime est un premier pas vers la compréhension et l'acceptation des personnalités multiples.

Où Sartre est-il le plus lui-même ? À Venise ou à Moscou, à Grenade ou à Pékin ? Probablement nulle part. Ailleurs, ici et là, en même temps. Jusqu'à la fin de ses jours, il a parcouru le monde pour soutenir des causes politiques, les dernières années au Portugal, en Allemagne, au Moyen-Orient, alors qu'il était physiquement très diminué. Il n'avait pour autant pas abandonné ses escapades, séjours complices à deux ou voyages immobiles à écouter de la musique. La tension entre ses vies disparates n'a jamais faibli, le devoir moral et politique l'emportant plus souvent sur le vagabondage insouciant. Il sacrifia ainsi des projets qui lui tenaient très à cœur : écrire sur l'Italie, s'abandonner au rêve, être heureux sans se sentir coupable, et même… devenir poète. Sartre s'est en effet intéressé à la poésie et pas seulement pour construire des biographies existentielles de poètes. Cela surprendra les lecteurs qui, de fait, ont constaté que la poésie est le seul genre littéraire que l'écrivain n'ait pas pratiqué, sans compter la version simpliste et négative qu'il en a donnée dans ses manifestes d'après-guerre sur la littérature engagée. Cependant, quelques années auparavant, il confiait dans ses carnets : « J'enrage de n'être pas poète, d'être si lourdement rivé à la prose. Je voudrais pouvoir créer de ces objets étincelants et absurdes, les poèmes, pareils à un navire dans une bouteille et qui sont comme l'éternité d'un instant. Mais il y a en moi quelque chose de noué, une secrète pudeur, un cynisme trop longuement appris, et puis de la disgrâce aussi ; mes sentiments n'ont pas trouvé leur langage, je les sens, j'avance un doigt timide et, dès que je les touche, je les change en prose. […] Il faudrait me taire[1]. » Ces désirs

1. Sartre, *Les Carnets de la drôle de guerre*, *op. cit.*, p. 564.

d'écriture, vaincus par l'obsession du contrôle de soi, ont été réprimés, comme les vies latérales, ébauchées, réalisées en contrebande et à contretemps du discours officiel : la prose a gagné, la ligne droite s'est imposée comme le grand récit biographique de l'intellectuel, l'homme de son temps, celui des révolutions théoriques et politiques. À l'écart, voire à l'encontre des sentiments vécus.

Mais cette narration, en forme de progrès de l'esprit sartrien, est un roman : ni vraiment fausse, ni faussement vraie, un peu des deux, masquant une répétition de compromis, de négociations entre soi et le public, entre soi et les autres moi qui cognent à la porte et voudraient prendre la poudre d'escampette. Il faut bien mentir pour donner l'impression du vrai. « Je suis menteur par goût, reconnaît Sartre, sinon je n'écrirais point[1]. » L'écrivain engagé, réaliste et politique, celui qui veut appeler un chat un chat, se réserve d'autres langages pour mentir vrai. Le plus étonnant pour les lecteurs qui apprécient la cohérence d'une pensée, et pour les spécialistes qui en construisent les périodes, est la simultanéité de ces langages, car Sartre écrivit en même temps des textes très différents, comme il vécut des existences hétérogènes. La nouvelle édition chronologique de ses écrits de circonstance, les *Situations*, en témoigne avec éclat : Sartre pouvait écrire, en concomitance, des textes sur Descartes, les bars américains, la révolution communiste, Kafka, la négritude, Giacometti, et la paix dans le monde… L'archéologie, plus que la généalogie de son écriture, montre son incroyable disponibilité à s'intéresser à des sujets sans forcément leur imposer

1. *Ibid.*, p. 375.

un même schéma d'analyse. Là encore, les rencontres, les opportunités et les circonstances – les situations au sens prosaïque – décident des chemins suivis. Cependant le rouleau compresseur de l'héritage politique a écrasé toutes ces voies discontinues sous le boulevard de l'engagement.

L'intention de ce livre, loin d'opposer un Sartre apolitique au Sartre engagé, vise à concevoir une autre politique de l'existence, et à sauver Sartre du sartrisme. Typique de l'arraisonnement de toutes activités humaines à la politique, la conception sartrienne, élaborée au sortir de la Seconde Guerre mondiale, est encore largement partagée, surtout dans les sphères progressistes. Elle repose sur l'idée que tout est politique, même ce qui ne se déclare pas comme tel. Un romancier décrirait-il un paysage printanier du Limousin, il est politique puisque se préoccuper des arbres en fleurs pendant que des enfants meurent à l'autre bout de la planète n'est pas innocent. D'ailleurs le souci de la littérature et du style n'est-il pas un luxe coupable et réactionnaire quand la seule mission d'un écrivain devrait être de consigner la vie des dominés et d'imiter les sociologues ? Un scientifique menant des recherches sur l'épigenèse neuronale n'est-il pas aussi naïf de ne pas saisir l'enjeu politique de leurs applications possibles ? Nous pourrions déplier à l'infini ce jugement systématique et comminatoire qui aboutit à ce que l'on n'accorde de l'intérêt et de la valeur qu'aux activités et aux œuvres qui peuvent produire un message politique. Ce totalitarisme est d'ailleurs contradictoire, car d'un côté il affirme que tout est politique et de l'autre qu'il faut l'être. Si tout est politique, point n'est besoin de le décider, à moins qu'il ne s'agisse en fait de choisir une supposée bonne politique. La confusion entre analyse sociale et volontarisme moral aboutit à l'abrasion des œuvres et des vies singulières.

À l'inverse de cette politisation de toutes les activités humaines, l'intention politique elle-même, dans ses déclarations et ses actions, est pourtant traversée par quantité de motivations non politiques, souvent obscures, conscientes ou non. Les divergences entre ce que Sartre a écrit, proféré, théorisé et ce qu'il a vécu, ressenti et confié suggèrent combien est complexe le souhait de « s'engager », de se mettre en gage, de savoir ce qui est gagé de soi-même dans l'adhésion à une cause. L'amour-propre tout comme la haine de soi et les transferts pulsionnels sont à l'œuvre dans la frappe langagière de l'engagé. Ainsi en va-t-il de la jouissance d'affirmation[1] qui, en deçà des arguments, satisfait un désir de pouvoir sur les choses et les autres. Croire que le langage donne un sens au monde et qu'il puisse même le transformer constitue le ressort de cette assurance avec laquelle l'intellectuel désigne le bien, le mal et la direction à prendre.

Le *je* de l'autorité pensante s'expose et se mire dans ses messages, surtout s'ils ont un contenu politique, adressé au plus grand nombre. Le sujet engagé manie le jugement comminatoire, la délimitation territoriale entre les amis et les ennemis, l'effusion morale qui place les engagés du côté du bien, l'usage univoque de la prose militante, la désignation des coupables, l'appel à l'expulsion, à l'élimination, au lynchage, autres façons de satisfaire sa pulsion de mort sous le

1. La *libido affirmandi*. Cf. *Le Génie du mensonge* (Max Milo 2015, Pocket 2017).

couvert d'une action morale. La préface de Sartre au livre de Fanon, *Les Damnés de la terre*, en fournit un exemple : l'argument politique, en l'occurrence la critique du colonialisme et de l'humanisme occidental, y est débordé par la passion au point de se transformer en un appel au meurtre des colons européens. Le style parfois ordurier détonne, en comparaison du style classique de Sartre dans ses écrits politiques. Qui veut-il satisfaire en usant d'une telle violence ? Frantz Fanon ? Les lecteurs qui attendent son cri ? Qui parle en lui ? Contre qui s'exprime sa rage assassine ? Les Français en Algérie ? Les humanistes bourgeois ? Tous les salauds ? Le mari de sa mère ? Le père d'Arlette ? Lui-même ? Le mal absolu ? D'où vient cette violence et, en même temps, comment comprendre sa difficulté, voire sa répugnance à l'exprimer, ainsi qu'il le confie à ses proches ? Les déplacements métaphoriques entre les figures honnies et les images de soi en Pardaillan justicier circulent dans ce texte au style parfois célinien. Il n'est pas question ici de pratiquer une psychanalyse sauvage mais de souligner des mobiles ambivalents derrière l'univocité des mots accusateurs et de l'indignation morale. Pour parer à ces incohérences dans le portrait de l'intellectuel engagé, les disciples du maître-penseur ont tôt fait de justifier cette prose par telle ou telle logique interne à l'œuvre du philosophe. Mais voilà : d'autres sources montrent que Sartre n'était pas pleinement dans ce qu'il disait, qu'il jouait là un rôle à contrecœur.

Pour entendre ces tensions, il faut écouter les discours et les textes avec une troisième oreille, sans chercher à confirmer ni à juger les dires d'un auteur. L'énonciation recèle quantité de sens discordants qui permettent d'approcher les motivations de la pensée, comme le fait un psychanalyste qui laisse émerger des vérités, même dans leur négation. Les informations sur la fabrique psychique du texte n'invalident pas le message mais elles conduisent à ne pas entendre l'engagement politique au premier degré. Elles suggèrent d'écouter ce qui passe clandestinement dans le discours engagé et qui ne relève pas toujours de la politique, ou qui en relève sous un autre régime que celui de la raison. La question qu'elles engendrent n'est plus celle de l'authenticité : que Sartre ait été sincère ou non importe beaucoup moins que la tension entre ses différents moi, ses désirs et ses devoirs, les représentations contrastées de lui-même dans ses rapports aux autres. La morale kantienne dût-elle en souffrir, l'intention des individus demeure insondable et peu importe qu'elle soit bonne ou mauvaise, car nous ne connaissons jamais vraiment les raisons qui nous poussent à agir. Seul l'acharnement continuel de Sartre à traquer sa mauvaise foi nous conduit à penser qu'il ne fut pas un tricheur cynique, mais là n'est pas la question. Quant à la pertinence et à la vérité de ses analyses politiques, elles relèvent aussi d'un autre débat pour savoir si Sartre a eu tort ou raison, ou s'il a eu raison d'avoir eu tort. Les critères de vérité changent avec les époques et les jugements rétrospectifs n'échappent pas aux partis pris. Au-delà de ces querelles, la question amenée par cet éclatement de la personnalité du philosophe engagé est bien celle de la politique, mais pensée tout autrement.

Une politique de l'existence inclut la sensibilité, les émotions, les désirs et les imaginaires tout autant que la raison et le jugement. Elle ne se limite pas à l'action et comprend la passivité, l'inactualité, les vies non vécues, virtuelles et fictives. Elle assume la multiplicité des moi, leurs tensions et leurs contradictions. Au lieu d'une existence mise au service de la politique, telle que la conception primaire de l'engagement la définit, cette politique concerne la façon dont les sujets déjouent l'ordre des places et des devoirs qui leur est assigné. C'est dans l'expérience même de la vie sensible et affective que se décide cette politique qui en modifie les qualités et les orientations. La littérature en offre les exemples les plus révélateurs, comme *Madame Bovary*, qui fascina Sartre, bien qu'il accusât son auteur, Flaubert, d'être responsable des massacres de la Commune pour n'avoir pas écrit une ligne afin de les empêcher[1]. Les œuvres littéraires sont politiques moins parce qu'elles dénoncent ou ignorent les injustices que par leur manière de déplacer les échelles de valeurs. Qu'est-ce qui fait de *Madame Bovary* une œuvre « politique » ? Non pas tant la position sociale de son auteur ni son idéologie nihiliste qui conduit son personnage principal au suicide. Comme l'a suggéré Jacques Rancière[2], sa dimension politique tient plutôt dans la manière dont une fille de paysan réagence le rapport entre les mots et les choses, met au même niveau les grands rêves et les petits faits du quotidien. Il suffit à Flaubert d'une description des comices agricoles pour que le discours des notables devienne insignifiant. Les événements minuscules, le temps presque immobile, l'égalisation des impressions sensibles, c'est cela, plus que la symbolique de l'histoire sociale, qui donne au roman sa force démocratique.

La politique de l'existence et non l'existence politique de Sartre s'est réalisée en deçà des engagements déclarés et des

1. Sartre, *Situations II*, *op. cit.*, p. 211.
2. Jacques Rancière, *Politique de la littérature*, Galilée, 2007.

œuvres dites engagées. L'homme a voulu coller à son époque, par culpabilité d'avoir été trop léger. S'appliquant la théorie hégéliano-marxiste de l'Histoire, il a, par volontarisme moral, cherché à incarner son temps et à lui imprimer une courbure. Cependant, à côté de la ligne officielle, il a souvent pris des tangentes. Les vies multiples qu'il a menées – musicales, imaginaires, sentimentales, voyageuses et rêveuses – n'ont pas été conformes à son existence politique. Pour autant, il a essayé de les faire tenir ensemble, cherchant des solutions de continuité, au prix de tensions, de sacrifices et de fuites tantôt heureuses, tantôt mortifères. Il n'a cessé de déplacer, de dérégler et de régler à nouveau des positions d'existence, de réagencer des devoirs et des désirs, continuellement instables, ce qu'il appelait aussi « liberté en situation ». Malgré le grand récit autobiographique que Beauvoir et lui ont construit, montrant la vie comme un chemin de pensée dans le cours de la grande Histoire, les trous, les dépressions et les fuites en signalent les contretemps et les arythmies. Roland Barthes a proposé une figure de ces décalages entre le pas d'un individu et la cadence de l'Histoire : l'idiorythmie. Elle souligne la difficulté de marcher avec les autres, à cause de la différence des pas, tout en trouvant son propre rythme[1]. L'utopie qu'elle dessine serait de pouvoir vivre ensemble tout en laissant libre cours aux allures singulières. La politique de l'existence se tient dans cet agencement des synchronies et des achronies où les pas de côté le disputent à la mesure collective et à la marche forcée.

Être contemporain n'empêche pas d'être anachronique, et Sartre, l'homme qui voulut porter son siècle sur ses épaules,

1. Roland Barthes, *Comment vivre ensemble*, Seuil/Imec, 2002.

fut aussi inactuel, sans pour autant être antipolitique. Contre le chantage du « tout est politique » ou de l'apolitique, une autre conception du temps, disponible à la multiplicité des rythmes, permet d'entrer plus finement dans la partition des existences. Ces rythmes ne sont pas innés, ils ne tiennent pas au caractère des individus, mais ils se créent par relation. Ils ouvrent les chemins de traverse qu'une vie peut suivre, selon les circonstances et les rencontres. Sartre emprunta de nombreuses voies, prit différentes allures et les cours de son existence peuvent être retracés à partir des êtres avec lesquels il a cheminé ou s'est arrêté. Ainsi vont les affinités qui se construisent tels des airs de musique, en accords ou désaccords, en mesure ou en syncope. Les plus spectaculaires conduisirent Sartre à incarner la figure de l'intellectuel total. Grâce à d'autres, plus discrètes, il vécut des abandons et des joies insoupçonnés.

Mes remerciements à Annie Sornaga pour ses témoignages essentiels et sa générosité. À Georges Barrère, l'ami et l'exceptionnel lecteur.

Œuvres de François Noudelmann (suite)

ÉDOUARD GLISSANT, LA PENSÉE DU DÉTOUR (avec F. Simasotchi-Bronès), Armand Colin, 2014

FILIATION AND ITS DISCONTENTS (avec R. Harvey et E.-A. Kaplan), SUNY-SB Papers, 2009

DICTIONNAIRE SARTRE (avec G. Philippe), Honoré Champion, 2004, « Champion Classiques », 2013

LES 20 ANS DU COLLÈGE INTERNATIONAL DE PHILOSOPHIE (avec A. Soulez), PUF, 2004

POLITIQUE ET FILIATION (avec R. Harvey et E.-A. Kaplan), Kimé, 2004

POLITIQUES DE LA COMMUNAUTÉ (avec G. Bras), PUF, 2003

LE MATÉRIAU, VOIR ET ENTENDRE (avec A. Soulez), PUF, 2002

L'ÉTRANGER DANS LA MONDIALITÉ, PUF, 2002

ROLAND BARTHES APRÈS ROLAND BARTHES (avec F. Gaillard), PUF, 2002

SCÈNE ET IMAGE (avec D. Moncond'huy), La Licorne, 2000

PONGE. MATIÈRE, MATÉRIAU, MATÉRIALISME (avec N. Barberger et H. Scepi), La Licorne, 2000

SUITE/SÉRIE/SÉQUENCE (avec D. Moncond'huy), La Licorne, 1998

LE CORPS À DÉCOUVERT, STH, 1992

LA NATURE, DE L'IDENTITÉ À LA LIBERTÉ, STH, 1991

Composition : Nord Compo
Achevé d'imprimer
par CPI Firmin-Didot
à Mesnil-sur-l'Estrée, en mars 2020
Dépôt légal : mars 2020
Numéro d'imprimeur : 157699

ISBN : 978-2-07-288710-9/Imprimé en France

363823